Göttert | Grundkurs Mittelhochdeutsch

Karl-Heinz Göttert

Grundkurs Mittelhochdeutsch

Reclam

RECLAMS UNIVERSAL-BIBLIOTHEK Nr. 17679

Gestaltung: Cornelia Feyll, Friedrich Forssman
Gesamtherstellung: Reclam, Ditzingen. Printed in Germany 2013
RECLAM, UNIVERSAL-BIBLIOTHEK und
RECLAMS UNIVERSAL-BIBLIOTHEK sind eingetragene Marken
der Philipp Reclam jun. GmbH & Co. KG, Stuttgart
ISBN 978-3-15-017679-5

Auch als E-Book erhältlich

www.reclam.de

Inhalt

Vorbemerkung

Das vorliegende Büchlein bereitet auf das Übersetzen aus dem Mittelhochdeutschen sowie die dazu nötige Bestimmung von Wortformen und syntaktischen Erscheinungen vor.

In den mediävistischen Abteilungen germanistischer und literaturwissenschaftlicher Seminare und Studiengänge wird dieses Wissen in Grundkursen geübt und in Klausuren und mündlichen Prüfungen verlangt. Auch in den abschließenden Klausuren und mündlichen Prüfungen in den Lehramts- und den modularisierten (Fach-)Bachelor- und Masterstudiengängen ist dieses Wissen noch einmal gefragt. Dabei stellt das Mittelhochdeutsche die ältere Sprachstufe dar, die Priorität besitzt bzw. als einzige übrigblieb, während man früher das Althochdeutsche und sogar das noch ältere, mit dem Deutschen nur verwandte Gotisch gelernt hat. Die Reduzierung hängt mit der Ausweitung des Germanistikstudiums durch die Linguistik zusammen, lässt sich aber auch damit rechtfertigen, dass es die »klassischen« Texte des 12./13. Jahrhunderts sind, die heute im Studium im Vordergrund stehen. Sie sind eben in mittelhochdeutscher Sprache verfasst: die Versromane des Hartmann von Aue oder Wolfram von Eschenbach ebenso wie aus der Heldenepik etwa das Nibelungenlied, weiter die Lyrik eines Walther von der Vogelweide oder eines Neidhart.

Im folgenden wird aus all diesen Texten nur ein einziger zum Üben benutzt, und zwar der *Erec* Hartmanns von Aue. Der Grund liegt darin, dass es fürs Lernen produktiver ist, wenn man sich in einen bestimmten Text näher einliest.

Die grammatischen Beispiele werden überwiegend dieser Quelle entnommen, dem Übersetzen liegen die ersten 200 Verse zugrunde. Natürlich könnte man auch andere Texte heranziehen, aber die *Erec*-Verse bieten die wesentlichen Schwierigkeiten, die man kennen und lösen muss. Welches Wissen braucht man dabei, welche Fähigkeiten müssen entwickelt werden?

Ich versuche es mit einem Lernprogramm, das Schritt für Schritt zum Ziel führt. Man sollte also von vorn beginnen und nichts auslassen. In einzelnen Lektionen werden die Probleme abgearbeitet, die sich einem Sprecher des Neuhochdeutschen stellen, wenn er auf eine etwa 800 Jahre ältere Sprachstufe trifft. Dabei werden möglichst wenige Vorkenntnisse vorausgesetzt. Gelegentlich ist es zweckmäßig, noch ältere Sprachstufen heranzuziehen, um Regularitäten im scheinbaren Chaos zu verdeutlichen. Deshalb greife ich in einigen Fällen auf das Althochdeutsche und sogar auf die rekonstruierte Vorgängerstufe der meisten europäischen Sprachen, das Indogermanische, zurück. In allen diesen Fällen geht es aber nicht um die Darstellung »der« Grammatik insgesamt, schon gar nicht um eine Einführung in wissenschaftliche Diskussionen auf diesem Gebiet. Es geht vielmehr um die Vermittlung des Wissens, das man in Prüfungen braucht. Eine Konkurrenz mit dem üblichen Seminarbetrieb ist nicht beabsichtigt, wohl aber seine Ergänzung und das Selbststudium.

Wo liegen die Hauptprobleme?

Einmal im Bereich der Wörter. Teilweise handelt es sich um völlig andere Wörter als unsere heutigen. Sie können nicht alle gelernt werden, aber man kann sich die wichtigsten bzw. am häufigsten vorkommenden einprägen. Teilweise handelt es sich aber auch um nur »verfremdete« Wörter, die gegenüber dem Neuhochdeutschen einen etwas anderen Lautstand zeigen. Darauf kann man sich vorbereiten. Teilweise handelt es sich um Wörter, die man zu kennen glaubt, aber eben doch nicht kennt (»falsche Freunde«). Auch darauf kann man sich vorbereiten, auch dazu gibt es wie in den anderen Fällen ein eigenes Kapitel. Und schließlich geht es um systematische Kenntnisse zu den Wörtern, die ihre Identifizierung erleichtern. Dazu gehört Wissen über die Verben, Substantive und weitere Wortarten.

Das größte Problem aber dürfte im Bereich der Syntax liegen. Mittelhochdeutsche Sätze sind anders konstruiert als neuhochdeutsche. Vor allem die Nebensätze funktionieren anders, schon die Konjunktionen sind nicht die heutigen, die Negationen können einen auf eine harte Probe stellen. Und dann kommen noch merkwürdige Genitive, die im Neuhochdeutschen längst verschwunden sind. All dies lässt sich aufarbeiten, auf verträgliche Portionen verteilen, die wiederum einzelnen Lektionen anvertraut sind.

Schließlich muss dieses Wissen zusammenfließen beim konkreten Übersetzen. Ich habe es an 54 Sätzen aus dem Beginn des *Erec* vorgemacht. Die Taktik ist, das mittelhochdeutsche Original so wörtlich wie möglich zu übertragen, im ersten Schritt fast nur den Klang des Mittelhochdeutschen durch den neuhochdeutschen zu ersetzen (was gelegentlich zu Ungetümen führt, die man seinen Prüfern ja nicht unbedingt auf die Nase zu binden braucht). Es geht darum, den Text zunächst einmal gewissermaßen »im Mittelhochdeutschen« zu verstehen. Dazu muss man natürlich genau wissen, was jedes Wort, manchmal jeder Buchstabe »bedeutet«.

Das Verfahren ist etwas nervig, aber jeder, der es einmal ausprobiert hat, wird froh sein, auf diese Weise festen Boden unter die Füße zu bekommen. In der Klausur oder mündlichen Prüfung ist anderes, flüssigeres verlangt. Aber ich garantiere jedem, dass der Sprung zum Flüssigen leicht ist, wenn man wirklich genau weiß, was da steht. Ich meine mit genau: ganz genau. Das heißt, dass ich jede Form bestimmen kann, immer weiß, mit welcher Wortart, mit welchem Kasus oder welcher Konjugation ich es zu tun habe. Deshalb sind der Übersetzung grammatische Bestimmungen beigegeben. Und eine Extrazeile ist auch noch der Bestimmung von Haupt- und Nebensätzen mit ihren verschiedenen Formen vorbehalten.

Ausdrücklich sei eingeräumt, dass das Büchlein eine Auswahl trifft. Es sind bei weitem nicht alle Feinheiten der Grammatik berücksichtigt, nicht alle Ausnahmen erwähnt, vor allem nicht das Erklärungspotential ausgeschöpft, das die Indogermanistik bereitstellt. Ich meine aber, dass man mit dem zusammengetragenen Wissen im Normalfall zurechtkommt. Der nächste Schritt ist klar: Er besteht in der Ausweitung der Erfahrung mit mittelhochdeutschen Texten, in der Steigerung der Schwierigkeiten, die etwa ein Wolfram, Gottfried oder Walther abverlangen, auch die Einbeziehung späterer Sprachstufen in den Texten des Spätmittelalters.

Im übrigen orientiert sich das hier behandelte Mittelhochdeutsch an den Textausgaben, die seit dem 19. Jahrhundert mit »Normalisierungen« arbeiten, also Akzente benutzen und die tatsächlichen Dialekte der Handschriften ausgleichen. Um noch einmal auf die ausgewählten Verse zurückzukommen: Hartmann von Aue, so habe ich es mir schon in Tagträumen vorgestellt, hat irgendwie um die Nöte heutiger Studierender gewusst und einen Text geschrieben, dessen erste 200 Zeilen das Wichtigste enthalten, was man in Prüfungen können muss. Hartmann wird Ihnen also zur Belohnung Ihrer Mühe über die Schultern blicken und Sie zum Ziel führen.

Lektion 1
Richtig lesen

Mittelhochdeutsche Texte sehen eigenartig aus. Sie werden aber noch eigenartiger, wenn man sie falsch liest. Was muss man wissen?

Im Mittelhochdeutschen gilt Kleinschreibung. Nur Namen und Kapitelanfänge werden großgeschrieben, zum Beispiel in Vers 18 des *Erec*:

18 Êrec der junge man

An diesem Beispiel sieht man, dass lange Vokale einen Akzent (ein Dach) erhalten. Vokale ohne Dach sind also kurz. Das kann irritierend sein, wenn man Vokale vor sich hat, die im Nhd. lang gesprochen werden:

29 als ir geboten wart

geboten zerfällt in die Silben ge-bo-ten. Hier kommt es auf die mittlere Silbe an. Sie ist offen (hat keinen »schließenden« Konsonanten). Diese Silben wurden im Nhd. gedehnt, wir sprechen also »geboten« mit langem o. Im Mhd. ist es aber kurz.

Ansonsten gibt es über die Vokale nichts zu berichten. Sie funktionieren wie im Nhd. Man kann es noch einmal üben:

36 durch ir zuht gebôt si mir

durch und *ir* haben jeweils kurze Vokale, *zuht* wird wie nhd. »Zucht« gesprochen, die zweite Silbe in *gebôt* ist lang, *si* und *mir* sind anders als im Nhd. kurz.

Soweit die Vokale. Es gibt aber auch doppelte, die Diphthonge, die etwas schwieriger sind. Die meisten werden gesprochen wie geschrieben, aber nicht alle:

28 diu juncvrouwe huop sich an die vart

Das *iu* in *diu* wird als langes *ü* gesprochen (also nicht etwa *i-u*). Das *ou* in *vrouwe* wird als *o-u* gesprochen, das *uo* in *huop* als *u-o* und schließlich das *ie* in *die* als *i-e*.

Es gibt noch zwei weitere Diphthonge: *eu* (auch *öu* geschrieben) gibt nhd. *eu* wieder und wird auch so gesprochen, *üe* wird *ü-e* gesprochen.

192 vreuden »Freuden«
32 grüeze »grü-eße«

Schließlich gibt es auch noch die Langvokale, die als Ligaturen zusammengeschrieben werden, langes *ä* und langes *ö*:

51 wære
13 schœne

Das waren die Vokale und Diphthonge. Und nun zu den Konsonanten. Es gibt im Mhd. einfache Konsonanten und Doppelkonsonanten. Die Doppelkonsonanten bezeichnen aber nicht wie im Nhd. die Kürze des vorausgehenden Vokals. Sie sind »echte« Doppelkonsonanten in dem Sinne, dass der erste Konsonant zur ersten Silbe gehört, der zweite zur zweiten. Das kommt eher selten vor. Ein Beispiel wäre

135 nimmer (»nim-mer«)

Ansonsten funktionieren die mhd. genauso wie die nhd. Konsonanten. Aufpassen muss man jedoch erstens beim *f*-Laut. Im Mhd. wird er meist durch *v* wiedergegeben, aber wie ein nhd. *f* gelesen:

5 vrist
8 verre
12 juncvrouwen

Das Mittelhochdeutsche Wörterbuch von Lexer (s. Lektürehinweise) hat überhaupt keinen Abschnitt mit *f*, sondern führt die wenigen Wörter, die auch im Mhd. mit *f* beginnen, unter denen mit *v* auf. Dazu gehört z. B. *fardel* (»Bündel«), das sein *f* hat, weil es von ital. *fardello* abgeleitet ist. Auch der »Fasan« wird als *fasan* geführt.

Zweitens muss man bei *h* aufpassen. Es ist niemals wie im Nhd. Dehnungszeichen, sondern wird als *h* gesprochen oder als *ich*- bzw. *ach*-Laut. Hier einige Beispiele:

45 hiez (gesprochen »hi-ez«)
8 gâhen (gesprochen »ga-hen«)
66 ahten (gesprochen »achten«)
84 niht (gesprochen »nicht«)

Drittens ist das *z* kein nhd. *tz*, sondern ein stimmloses (scharfes) *s*:

37 daz (gesprochen »das/dass«)
49 vürbaz (gesprochen »fürbass«)

Viertens wird im Mhd. die Auslautverhärtung, die gesprochen wird, auch geschrieben:

11 getwerc (gesprochen »getwerk«)

Dieser »Zwerg« lautet im Genitiv *getwerges*, mit stimmhaftem *g* also. Die Auslautverhärtung wird im Mhd. als *c* wiedergegeben. Ansonsten gibt es auch *k*-Schreibung, bei der *künegîn* zum Beispiel.

Und nun üben Sie einmal anhand der vv. 5–13:

nû riten si unlange vrist	ritten, frist
neben einander beide,	nebben e-inander, be-ide
ê daz si über die heide	übber, he-ide
verre in allen gâhen	fer-re, al-len gaa-hen
zuo rîten sâhen	zu-o, saa-hen
einen ritter selbedritten,	e-inen
vor ein getwerc, dâ enmitten	vorr e-in getwerk
eine juncvrouwen gemeit,	e-ine junkfrouwen geme-it
schœne unde wol gekleit.	schöne, woll gekle-it

Lektion 2
Wörter erkennen

Mittelhochdeutsch ist Deutsch. Es gibt allerdings viele Wörter, die heute verlorengegangen bzw. durch neue ersetzt worden sind. Diese Wörter sind entsprechend kaum zu verstehen. Wenn sie häufig vorkommen, muss man sie wie Vokabeln lernen (ansonsten werden sie in Klausuren normalerweise angegeben oder man darf ein Wörterbuch benutzen). Aber oft kann man sich »hineinlesen«.

Es ist schon eine große Hilfe, wenn man zwei Merksprüche kennt. Der erste lautet:

mîn niuwez hûs

In der Übersetzung:

mein neues Haus.

Was ist hier passiert? Im Nhd. sind die mhd. Langvokale *î*, *iu* und *û* Diphthonge geworden. Und nun sehen natürlich alle Wörter, in denen die alten Langvokale stehen, »merkwürdig« aus. Es kann passieren, dass man eine Stelle nur deshalb nicht versteht, weil man nicht darauf kommt, dass ein mhd. langes *i* im Nhd. eben ein *ei* geworden ist. Hier ein paar Beispiele:

wîz   weiß
sît   seid/seit
riuwec   reuig
kûme   kaum

Und nun der zweite Merkspruch:

liebe guote brüeder

Die Übersetzung lautet:

liebe gute Brüder

Was ist passiert? Im Nhd. sind die Diphthonge *ie*, *uo* und *üe* Langvokale geworden. Beim langen *i* sieht man das nicht richtig, weil die nhd. Rechtschreibung das alte *ie* als Längenzeichen benutzt (aber wir sagen natürlich Liibe und nicht Li-ebe wie im Mhd.). Und wieder kann es passieren, dass man eine Stelle nicht versteht, weil man nicht darauf kommt, dass zum Beispiel ein *uo* im Nhd. eben ein langes *u* geworden ist. Hier wieder ein paar Beispiele:

hiez »hi:ß«
muot »Mut«
grüezen »grüßen«

Soweit die Vokale und Diphthonge. Man kann aber auch sonst gelegentlich wie ein Ochs vorm Berg stehen und ein mhd. Wort nicht erkennen, weil man irgendwie irregeführt wird. Man muss dann gezielt zu experimentieren versuchen. Nehmen Sie das Beispiel: Vor der Königin tauchen fremde Personen auf, man ist neugierig, wer das ist, und Erec fragt seine Herrin,

ob erz ervarn solde.

Was heißt *ervarn*? Man kann es ganz wörtlich versuchen: *varn* heißt »fahren«, *ervarn* also irgendwie »erfahren«. Von da ist es nicht weit zu »in Erfahrung bringen«.

Eine Dame der Königin will den fremden Ritter fragen, wie er heißt, aber:

52 daz getwerc werte ir den wec

Was heißt *werte*? Zusammen mit dem »Weg« kommt man weiter: »*ver*wehrte« den Weg.

Der Zwerg schlägt die Zofe

57 ze sîner missewende.

Die *missewende* bezieht sich auf den Zwerg, ist (wegen des *miss*) etwas Negatives: Es »wendet« sich also etwas ins Negative. »Schande« ist richtig.

Die Dame wird geschlagen,

58 daz si mâl dâ von gewan

Die Dame »gewann« also irgendetwas. Was? Ein *mâl*. Man kann es ja einmal mit einer Erweiterung versuchen und findet vielleicht wirklich das Passende, nämlich »Wundmal«.

Lektion 3
Starke Verben (Grundlagen)

Stellen Sie sich vor, Sie stoßen auf folgenden Satz. Die Rede ist vom Zwerg, der der Dame nicht nur nicht sagt, wie sein Herr heißt, sondern auch noch eine patzige Antwort gibt. Er befiehlt ihr nämlich, den Mund zu halten

46 und daz si in vermite.

vermite? Was soll das bedeuten? Vielleicht merkt man, dass es sich um ein Verb handelt. Aber um welches? Man muss dazu wissen, dass es vier Arten von Verben gibt: starke, schwache, Präterito-Präsentien und Sonderbildungen (die alle noch genauer behandelt werden). Hier liegt ein starkes Verb vor. Dieses Verb gehört zur I. Klasse und heißt im Infinitiv *vermîden*. Wenn man das weiß, kann man es ganz wörtlich versuchen und übersetzen, dass sie (die Dame) ihn (den Zwerg) »vermeide«. Jetzt bedarf es nur noch ein wenig Phantasie und heraus kommt: dass sie ihn in Ruhe lasse oder einfach verschwinde. Was muss ich also wissen? Ich muss wissen, was starke Verben sind und wie sie funktionieren. Und wie funktionieren sie?

Man macht sich das Prinzip am besten an einem einfachen Beispiel deutlich, am Verb *nemen*, »nehmen«. Dieses Verb ist stark, weil es seine Tempusformen mit einem Vokalwechsel bildet, im Nhd.:

nehmen (Infinitiv), nehme (1. Sg. Präs.), nahm (1. Sg. Prät.), nahmen (1. Pl. Prät.), genommen (Part. Prät.)

Ich mache einen Umweg und erkläre, wie es zu diesem Vokalwechsel kam. Dazu greife ich auf eine sehr frühe Vorstufe des Deutschen, auch des Mittelhochdeutschen, zurück, aufs Indogermanische, aus dem die meisten europäischen Sprachen (wie Griechisch, Latein usf.) entstanden sind.

Im Indogermanischen gab es ein Vokalpaar, von dem der eine Vokal fürs Präsens benutzt wurde, der andere für den Singular des Präteritums: *e* und *o*, den sog. Ablaut (*o* »lautet« das *e* »ab«). Dieser Vokalwechsel liegt auch auf den frühen Sprachstufen des Deutschen noch vor, nur haben sich *e* und *o* im Laufe der Jahrtausende gewandelt. Aus *e* wurde je nach Stellung (gleich mehr dazu) *e* oder *i*, aus *o* immer ein *a* (sehr praktisch). Sehen wir uns das Beispiel »nehmen« noch einmal an, wird der Vorgang deutlicher. Wir haben also das *e/i* im Präsens (ich nehme, du nimmst) und das *a* im Präteritum (ich nahm). Im Alt- und Mittelhochdeutschen ist das auch so, nur wenig komplizierter. Das Paradigma heißt nämlich (für Infinitiv, 1. Sg. Präs., 1. Sg. Prät., 1. Pl. Prät. und Part. Prät.:

ahd. neman	nimu	nam	nâmum	ginoman
mhd. nemen	nime	nam	nâmen	genomen

Das *e/i* beherrscht also wieder den Singular, dann wird es etwas schwieriger. Das *a* steht im Sg. Prät., im Pl. Prät. steht ein *â*. Dieses lange *a* erklärt sich als gedehnte Form (Dehnstufe nach der vorherigen Grundstufe) des kurzen. Und im Part. Prät. gab es im Indogermanischen eine Schwundstufe, also überhaupt keinen Vokal. Im Germanischen und später Deutschen trat an diese Stelle ein Hilfsvokal, und zwar je nach Stellung *o* oder *u*. Hier ist es das *o*.

Und nun wissen wir, wie ein starkes Verb aufgebaut ist. Es hat Stammformen (für die Tempusbildung), die mit dem alten Ablaut *e/o* (erste und zweite Grundstufe) gebildet werden, wobei es ab dem Pl. Prät. gewisse Varianten gibt (Dehnstufe und Schwundstufe). Nach diesem Prinzip funktionieren (fast) alle starken Verben. Schauen wir uns das an, auch wenn es nun reichlich kompliziert wird (Trost: ich biete zum Schluss eine Art Eselsbrücke, die einiges vereinfacht).

Das Verb »geben« sieht im Ahd. und Mhd. so aus:

ahd. geban	gibu	gab	gâbum	gigeban
mhd. geben	gibe	gap	gâben	gegeben
idg. e	idg. e	idg. o	Dehnstufe	idg. *e*
ahd./mhd. e	ahd./mhd. i	ahd./mhd. a	ahd./mhd. â	ahd./mhd. e

geben unterscheidet sich also (grammatisch) wenig von *nemen*, *geben* hat im Part. Prät. Schwundstufe, *geben* Grundstufe. Und nun *binden*:

ahd. bintan	bintu	bant	buntum	gibuntan
mhd. binden	binde	bant	bunden	gebunden
idg. e	idg. e	idg. o	Schwund-stufe	Schwund-stufe
ahd./mhd. i	ahd./mhd. i	ahd./mhd. a	ahd./mhd. u	ahd./mhd. u

Weiter mit »reiten«:

ahd. rîtan	rîtu	reit	ritum	giritan
mhd. rîten	rîte	reit	riten	geriten
idg. ei	idg. ei	idg. oi	Schwund-stufe	Schwund-stufe
ahd./mhd. î	ahd./mhd. î	ahd. ai / mhd. ei	ahd./mhd. i	ahd./mhd. i

Hier sind die Ablautverhältnisse komplizierter. Idg. *e* und *o* verbanden sich nämlich mit einem zusätzlichen *i* zu den Diphthongen *ei* und *oi*. Aufgrund von Assimilation wurde aus mhd. *i* plus *i* ein langes *î*, aus *oi* zuerst *ai* (was im Got. noch so erhalten ist), dann in Abschwächung *ei*. Bei der Schwundstufe fiel das *e* bzw. *o* weg, so dass nur das *i* übrigblieb.

Und nun »biegen«:

ahd. biogan	biugu	boug	bugum	gibogan
mhd. biugen	biuge	bouc	bugen	gebogen
idg. eu	idg. eu	idg. ou	Schwund-stufe	Schwund-stufe
ahd. io / mhd. iu	ahd./mhd. iu	ahd./mhd. ou	ahd./mhd. u	ahd./mhd. o

Wieder kommt zum idg. *e* und *o* ein Vokal hinzu, diesmal ein *u*, woraus die Diphthonge *eu* und *ou* entstanden. Per Assimilation gibt das im Präs. ahd. *io*, mhd. *iu*, im Prät. über *au* ein *ou*. Die Schwundstufen lauten *u* oder *o*.

Machen wir an dieser Stelle eine kurze Pause. Niemand muss die Abfolge von Grund-, Dehn- und Schwundstufen auswendig lernen. Denn die kennt man als Deutschsprecher sowieso. Es geht vielmehr um Folgendes: Die starken Verben erweisen sich als gewissen Klassen zugehörig. Die unterschiedliche Be- oder Ausnutzung des Ablauts führt zu diesen Klassen, die ich (jetzt nur noch allein fürs Mhd.) aufliste:

rîten	I. Verbklasse (Erweiterung des *e/o*-Ablauts durch *i*)
biegen	II. Verbklasse (Erweiterung des *e/o*-Ablauts durch *u*)
binden	III. Verbklasse (*e/o*-Ablaut bei zwei Konsonanten hinter dem Wurzelvokal)
nemen	IV. Verbklasse (*e/o*-Ablaut bei einem Sonor, also *m*, *n*, *l* oder *r*)
geben	V. Verbklasse (*e/o*-Ablaut bei allen anderen Konsonanten)

Man kann es auch so zusammenfassen: Es gibt zwei Verbklassen mit Langvokal oder Diphthong im Infinitiv (die Erweiterungen des *e/o*-Ablauts). Und es gibt drei Verbklassen mit einfachem *e/o*-Ablaut, die sich nach dem Konsonanten unterscheiden, der dem Stammvokal folgt; Reihenfolge: zwei Konsonanten (III), Sonor (IV), »normaler« Konsonant (V).

Sagen wir, Sie finden im Text die Form *bugen*. Sie übersetzen mit Hilfe des Kontextes: »bogen«. Jetzt bemühen Sie Ihre *Neu*hochdeutschkenntnisse. »bogen« gehört zum Verb »biegen«. Wie kann das im Mhd. gelautet haben? Nach dem Merkvers *liebe guote brüeder* kommt nur *bi-egen* in Frage. Dann gehört das Verb entweder der ersten oder der zweiten Klasse an (es ist die zweite).

Und nun leider eine schlechte Nachricht, nämlich noch zwei weitere Verbklassen. Die gute: Sie sind nicht so kompliziert, verwenden jeweils im kompletten Paradigma nur zwei unterschiedliche Vokale bzw. Diphthonge. Beginnen wir mit »fahren«:

ahd. faran	faru	fuor	fuorum	gifaran
mhd. varen	vare	vuor	vuoren	gevaren

Hier liegt nicht idg. *e/o*-Ablaut vor, sondern *e/a*-Ablaut. Aber darum kümmern wir uns nicht mehr im Detail. Die Verben sind gut identifizierbar, weil sie so schön eintönig funktionieren. Es handelt sich um die VI. Verbklasse.

Das gilt auch für das Beispiel »halten«:

ahd. haltan	haltu	hialt	hialtum	gihaltan
mhd. halten	halte	hielt	hielten	gehalten

Hier liegt überhaupt kein Ablaut vor, sondern sog. Reduplikation, also eine Art Stottern beim ersten Konsonanten. Wenn Sie Latein gelernt haben, kennen Sie das Verb *canere*, das im Prät. *cecini* heißt. So etwas gab es auch auf einer Vorstufe beim Verb *halten*. Uns genügt, dass sich das Verb gut identifizieren lässt. Es handelt sich um die VII. Verbklasse (in der älteren Grammatik und auch noch im Mittelhochdeutschen Wörterbuch von Lexer heißen sie »reduplizierende Verben«).

Und nun wieder zurück zum Ganzen, zu den starken Verben insgesamt. Wir unterscheiden also sieben Klassen, die man sich am besten auf drei Gruppen verteilt merkt (jetzt kommt die Eselsbrücke). Die Verben, die nur zwei Vokale oder Diphtonge kennen, gehören zur VI. oder VII. Klasse. Die Verben, die im Infinitiv Langvokal oder Diphthong haben, gehören zur I. (Langvokal) oder II. (Diphthong) Klasse. Bleibt die Mitte, die Klassen III–V, die sich nach dem Konsonanten richten.

Und nun bestimmen wir einmal. Sie finden die Form *meit* (v. 225). Erec *meit* die Burg, so dass man merkt, es muss sich um »mied« handeln. Jetzt steigen wir auf Nhd. um. »mied« gehört ins Paradigma von »meiden«, also »meide«, »mied«, »gemieden«. Dieses Verb kann nicht zu VI/VII gehören, weil bei denen Infinitiv und Partizip den gleichen Vokal haben. Es kann auch nicht zu III/IV/V gehören, weil die im Infinitiv keinen Diphthong besitzen. Also gehört es zu I oder II. Und zu was genau? Dazu merke ich mir am besten zwei Beispielverben, etwa *rîten* und *biegen* für I und II. Und dann weiß ich, dass *mîden* zur I. Verbklasse gehört.

Ich weiß, ganz geht die Rechnung noch nicht auf. Es gibt noch weitere Komplikationen bei den starken Verben. Aber der Anfang ist gemacht. An den sieben Verbklassen ändert sich nichts. Im übrigen stimmt ihr Paradigma mit dem Nhd. so weit überein, dass es wenigstens in diesem Punkt nicht viel zu lernen gibt. Hier das Beispiel der V. Klasse:

Ind. Präs.		Konj. Präs.
Sg.	1. gibe	gebe
	2. gibest	gebest
	3. gibet/gibt	gebe
Pl.	1. geben	geben
	2. gebet	gebet
	3. geben	geben

Ind. Prät.		Konj. Prät.
Sg.	1. gap	gæbe
	2. gæbe	gæbest
	3. gap	gæbe
Pl.	1. gâben	gæben
	2. gâbet	gæbet
	3. gâben	gæben

Lektion 4
Starke Verben (Verfeinerung)

Beginnen wir mit einem Nachtrag. Warum wechseln bei einigen Verben die Vokale *i* und *e* im Präsens und warum *o* und *u* im Part. Prät.? Ein Ablaut kommt nicht in Frage, für Präs. und Infinitiv gilt durchgehend Grundstufe, für das Partizip Schwundstufe. Die Antwort lautet: Es handelt sich um Umlaute. Was ist das denn nun?

Umlaute sind Ergebnisse von Assimilation. Vokale können vor unterschiedlichen Nachfolgevokalen unterschiedlich ausfallen (sich dem Folgevokal angleichen, assimilieren). Nehmen wir das Präs. von »nehmen«. Es lautet:

ahd. Sg.	1. nimu	mhd.	1. nime
	2. nimis		2. nimest
	3. nimit		3. nimet
ahd. Pl.	1. nemamês		1. nemen
	2. nemet		2. nemet
	3. nemant		3. nemen

Sie merken, dass die Unterschiede zum Nhd. nicht groß sind (heute ist nur die 1. Sg. dem Pl. angeglichen, wir sagen also: »ich nehme«). Aber es gibt diesen Wechsel von *i* und *e*. Noch im Ahd. lautete die Form für 1. Sg. Präs. *nimu*, für 1. Pl. Präs. *nemamês*. Im Sg. folgte dem Stammvokal also ein *u*, im Pl. ein *a*. Und nun schaut man sich am besten einmal das sog. Hellwagsche Vokaldreieck an, das aufzeigt, wo der Zungenrücken bei der Artikulation der Vokale im Mundraum liegt:

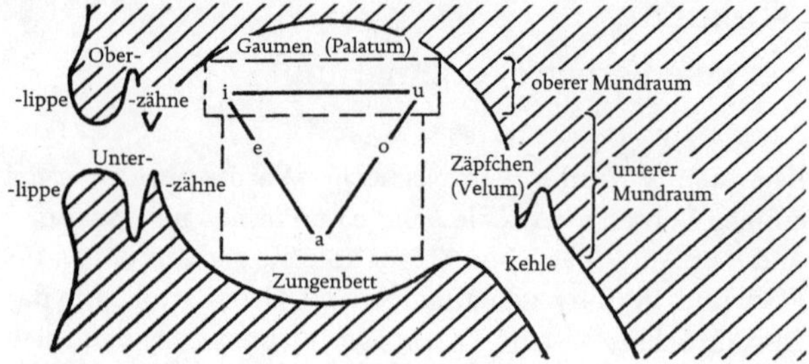

Folgt einem *e* ein *i*, so wird dieses *e* gewissermaßen nach oben gezogen (dem *i* assimiliert), es entsteht ein *î*. Folgt einem *e* ein *a*, bleibt es, wie es ist. Genauso beim *u*. Folgt einem *u* ein *i*, gibt es keinen Grund für einen Wechsel. Folgt ihm ein *a*, wird es nach unten gezogen (dem *a* assimiliert), es entsteht ein *o*.

Der Wechsel von *e* und *i* im Präsens ist damit erklärt. Der Wechsel von *o* und *u* bei den Partizipien ist etwas komplizierter, weil auch bestimmte Konsonanten eine Rolle spielen. Aber wir benötigen in diesem Fall nicht alle Details. Für die Formenerkennung und Formenbestimmung genügt es, dass wir uns nicht irritieren lassen, wenn Präsensformen zwischen *e* und *i* wechseln und Formen im Plural Prät. und beim Part. Prät. einmal auf *o*, dann auf *u* lauten.

Dieses war der erste Streich. Der zweite: Es gibt in den Verbklassen gelegentlich Alternativen. Bei der I. Verbklasse hatte ich *rîten* ausgesucht. Es gibt aber auch *gedîhen* (»gedeihen«):

rîten	rîte	reit	riten	geriten
gedîhen	gedîhe	gedêh	gedigen	gedigen

Sie sehen den Unterschied: Der Sg. Prät. hat nicht das erwartete *ei*, sondern (wegen des Konsonanten *h*) ein langes *ê*. Man kann entsprechend zwei Unterklassen bilden: Ia und Ib.

Bei der II. Verbklasse hatte ich *biegen* ausgesucht. Es gibt aber auch *bieten*:

biegen	biuge	bouc	bugen	gebogen
bieten	biute	bôt	buten	geboten

Unterschied: Die 1. Sg. Prät. geht nicht auf *ou*, sondern (wegen des Dentals *t*) auf *ô*. Als Unterklassen ausgedrückt: IIa und IIb.

Bei der III. Verbklasse hatte ich *binden* ausgesucht, es gibt aber auch *bergen*:

binden	binde	bant	bunden	gebunden
bergen	birge	barc	burgen	geborgen

Unterschied: Der Infinitiv geht bei *binden* auf *i* (schuld ist die nachfolgende Nasalverbindung), bei *bergen* auf *e*. Und das Part. Prät. hat bei *binden* das *u* als Schwundstufe (wieder wegen der Nasalverbindung), bei *bergen* das *o*.

Und noch eine Komplikation: Wenn Sie die Form *began* bestimmen müssen, zählen Sie nur den einen Konsonanten hinter dem Wurzelvokal und tippen auf die IV. Verbklasse. Es ist aber die III., weil im Auslaut das doppelte *n* dieses Verbs verkürzt wird (es heißt also *beginnen, ich beginne, wir begunnen, begonnen* usf., aber eben *began*).

Auch die anderen Verbklassen haben noch »Macken«. In

der IV. Verbklasse gibt es Verben, die den Sonor nicht *nach* dem Stammvokal haben, sondern davor oder überhaupt nicht.

vlehten	vlihte	vlaht	vlâhten	gevlohten
vehten	vihte	vaht	vâhten	gevohten

Im Grunde bleibt nichts übrig, als diese Verben auswendig zu lernen. Die wichtigsten sind: *sprechen*, *treffen*, *vlehten*, *stechen*, *vehten* (wenn Ihr Gedächtnis nur für ein Verb reicht, nehmen Sie *sprechen*).

In der V. Verbklasse gibt es erstens im Infinitiv *i* statt *e*, zweitens seltsame Doppelkonsonanten:

bitten	bitte	bat	bâten	gebeten
sitzen	sitze	saz	sâzen	gesezzen
liggen	ligge	lac	lâgen	gelegen

Unterschied: Im Infinitiv gab es einmal ein *j* beim stammbildenden Suffix (daher der Terminus *j*-Präsentien), das erstens zum *i* und zweitens zur Verdoppelung des ersten Konsonanten führte. Weil es im Nhd. genauso ist, muss man nicht viel lernen.

In der VII. Verbklasse gibt es im Infinitiv und Part. Prät. eine ganze Reihe verschiedener Wurzelvokale, also nicht nur *a* wie bei *halten*:

ruofen	ruofe	rief	riefen	geruofen
scheiden	scheide	schiet	schieden	gescheiden
stôzen	stôze	stiez	stiezen	gestôzen

Und nun das unangenehmste Kapitel: der sog. Grammatische Wechsel. Bislang war bei den starken Verben immer die Rede von einem Vokalwechsel. Es gibt aber bei einigen auch einen Konsonantenwechsel. Er ist schwer zu erklären, hängt im Prinzip mit Betonungsverhältnissen zusammen. Sie kennen vielleicht den Unterschied bei der Artikulation des *v* in »Hannover« und »Hannoveraner«. Im ersten Fall ist das *v* stimmlos, weil der Wortton *davor* liegt. Im zweiten ist das *v* stimmhaft, weil der Wortton *dahinter* liegt. Diesen Wechsel von Stimmhaftigkeit und Stimmlosigkeit (mit einer Reihe von lautgeschichtlichen Zwischenschritten) gibt es nun auch zwischen Präs. und Sg. Prät. auf der einen Seite und Pl. Prät. und Part. Prät. auf der anderen. Beispiel: *snîden*, »schneiden« (das *t* bei *sneit* beruht nicht auf diesem Grammatischen Wechsel, sondern ist Auslautverhärtung):

snîden snîde sneit sniten gesniten

Und das gibt es nicht nur als Wechsel von *d* und *t*, sondern auch als Wechsel von *h* und *g*, zum Beispiel in *ziehen* (»ziehen«):

ziehen ziuhe zôch zugen gezogen

Und schließlich als Wechsel von *s* und *r*, zum Beispiel in *kiesen* (»küren«):

kiesen kiuse kôs kuren gekoren

Das ist wirklich kompliziert (und gibt viele Punkte, wenn man es weiß). Sie können es ja einmal mit folgenden Verben aufnehmen, die alle Grammatischen Wechsel haben:

lîden	liten	geliten	»leiden«
mîden	miten	gemiten	»meiden«
nîden	niten	geniten	»neiden«
zîhen	zigen	gezigen	»zeihen« (nicht: »ziehen«)
slahen	slugen	geslagen	»schlagen«
vâhen	viengen	gevangen	»fangen«
hâhen	hiengen	gehangen	»hängen«
wesen	wâren	gewesen	»sein«

In einigen Fällen hilft es wenigstens, dass es auch im Nhd. noch diesen Wechsel gibt, wie etwa bei »schneiden«, »geschnitten« oder »ziehen«, »gezogen«. Aber das Nhd. hat eben viel ausgeglichen. Wir sagen nicht mehr *slahen*, *geslagen*, sondern eben »schlagen«, »geschlagen«. Das belastet das Gedächtnis also leider sehr.

Dafür braucht man sich bei der Flexion nicht allzu viel zu merken. Sie gleicht durchweg dem Nhd. und bereitet beim Übersetzen entsprechend keine Schwierigkeiten. Nur in einem Fall liegt eine Abweichung vor, die irritieren könnte. Im Prät. lautet das Paradigma: *ich nam*, *du næme*, *er nam* usf. Die 2. Sg. fällt also ziemlich aus der Rolle und gleicht vor allem der 1. Sg. Konj., der ansonsten dem Nhd. gleicht: *ich næme*, *du næmest*, *er næme* usf.

Hier das Ganze in Tabellenform. In der ersten Zeile steht der »Normaltyp«, in den weiteren Zeilen jeweils abweichende Klassen aufgrund besonderer Vokale wie in I, II, III und VII, aufgrund von grammatischem Wechsel wie in I, II und VI oder aufgrund besonderer konsonantischer Verhältnisse wie in IV und V. Aber Vorsicht: Auswendiglernen nützt in der Praxis nichts, man kommt besser und einfacher zurecht, wenn man das »System« verstanden hat.

I	rîten	rîte	reit	riten	geriten
	gedîhen	gedîhe	gedêh	gedigen	gedigen
	lîden	lîde	leit	liten	geliten
II	biegen	biuge	bouc	bugen	gebogen
	bieten	biute	bôt	buten	geboten
	ziehen	ziuhe	zôch	zugen	gezogen
III	binden	binde	bant	bunden	gebunden
	bergen	birge	barc	burgen	geborgen
IV	nemen	nime	nam	nâmen	genomen
	vehten	vihte	vaht	vâhten	gevohten
V	geben	gibe	gap	gâben	gegeben
	bitten	bitte	bat	bâten	gebeten
VI	faren	fare	fuor	fuoren	gefaren
	slahen	slahe	sluoc	sluogen	geslagen
VII	halten	halte	hielt	hielten	gehalten
	ruofen	ruofe	rief	riefen	geruofen
	scheiden	scheide	schiet	schieden	gescheiden
	stôzen	stôze	stiez	stiezen	gestôzen

Lektion 5

Schwache Verben, Präterito-Präsentien, Sonderbildungen

Schwache Verben haben eine einfachere Tempusbildung. Sie benutzen keinen Ablaut, sondern bilden das Präteritum mit Hilfe eines *t*-Suffixes. Nhd. Beispiel: »ich lobe«, »ich lobte«, »ich habe gelobt«. Fast genauso ist es auch im Ahd. und Mhd. Es gab im Ahd. noch zwei Klassen dieser Verben, von denen die eine ihr stammbildendes Suffix mit *ô* bildete, die andere mit *ê*. Im Mhd. sind diese Klassen in ein kurzes *e* zusammengefallen:

ahd. salbôn	salbôm	salbôta	gisalbôt
mhd. salben	salbe	salbte	gesalbet
ahd. fragên	fragêm	fragêta	gifragêt
mhd. vragen	vrage	vragte	gevraget

Das ist wieder einmal die gute Nachricht. Die schlechte: Es gibt doch einen Vokalwechsel, allerdings keinen Ablaut, sondern einen Umlaut. Er kommt auch im Nhd. etwa bei »senden« vor: »ich sende«, »ich sandte«. Wiederum fast genauso im Ahd. und Mhd.:

ahd. senden	sendu	santa	gisendet
mhd. senden	sende	sante	gesendet/gesant

Wie kam es zu diesem Umlaut? Einige schwache Verben benutzten als stammbildendes Suffix das kleine zusammengesetzte Element *ja*, das mit seinem *j* erstens für Umlautung des Stammvokals sorgte und zweitens für Verdoppelung des Konsonanten, falls nur ein Konsonant dem Stammvokal folgte. Jacob Grimm glaubte noch, der Umlaut sei im Präteritum irgendwie rückgängig gemacht worden und führte den Terminus »Rückumlaut« ein. Wir wissen heute, dass nichts rückgängig gemacht wurde, sondern das *j*-Element im Präteritum nie vorhanden war (und sprechen trotzdem weiter vom »Rückumlaut«).

So aber gibt es neben den »normalen« schwachen Verben, die wirklich nicht die geringste Schwierigkeit machen, die rückumlautenden. Das Tückische: Im Nhd. zeigen nur noch ganz wenige Verben diesen Rückumlaut (neben dem schon genannten »senden« etwa noch »brennen« mit »brannte«). Die große Mehrzahl aber hat im Nhd. den Rückumlaut rückgängig gemacht, will sagen: zeigt den Umlaut durchgängig im Präs. wie im Prät. Anders im Mhd.:

setzen	setze	sazte
decken	decke	dacte
stellen	stelle	stalte
hœren	hœre	hôrte
wænen	wæne	wânde
tröumen	tröume	troumte
küssen	küsse	kuste
grüezen	grüeze	gruozte

In einigen Fällen unterscheidet sich der Vokal der Stammsilbe im Präs. bzw. Prät. noch auf andere Weise (neben dem *i*-Umlaut auch durch *a*-Umlaut):

würken	würke	worhte
vürhten	vürhte	vorhte
denken	denke	dâhte
dünken	dünke	dûhte

Zwei Verben mischen starke und schwache Konjugation, bilden das Präs. stark, das Prät. schwach:

bringen	bringe	brâhte
beginnen	beginne	begunde (neben began), Pl. begunden

Das Paradigma der schwachen Verben gleicht weitgehend dem Nhd. Das stammbildende *e* ist noch teilweise erhalten (*du suochest, er suochet*), bei Verben, deren Stamm auf *b* oder *g* enden, aber schon im Nhd. gekürzt (*du lobst, er lobt*).

Starke und schwache Verben bilden das Gros der Verben. Eine viel kleinere Gruppe stellen die Präterito-Präsentien dar. Sie sind eigenartig gebaut. Ihre Präsensformen lauten wie die Präterita der starken Verben. Beispiel: *ich darf* »ich bedarf«. Das ist der Bedeutung nach ein klares Präsens, aber die Form gleicht völlig der des starken Verbs (III. Klasse) *ich barc* »ich barg«. Weil das Präsens die Form eines starken Präteritums hat, stellt sich die Frage, wie denn nun ein Präteritum der Bedeutung nach aussieht. Die Lösung: Dieses Präteritum wird schwach gebildet, also mit dem gleichen *t*-Suffix wie bei allen schwachen Verben: *ich bedorfte* »ich bedurfte«. Man kann also etwas paradox klingend sagen: Ein starkes Präteritum bildet das Präsens, ein schwaches Präteritum das Präteritum.

Insgesamt kommen neun dieser Präterito-Präsentien zusammen, darunter sämtliche Modalverben (mit breitem

Bedeutungsspektrum, das nur aus dem Kontext näher begrenzt werden kann):

wizzen	weiz	wisse/wiste	wissen, verstehen, kennen
tugen	touc	tohte	taugen, nützen, brauchbar sein
gunnen	gan	gunde	gönnen, erlauben, gewähren
kunnen	kan	kunde	können, sich worauf verstehen, möglich sein
dürfen	darf	dorfte	dürfen, brauchen, bedürfen
turren	tar	torste	sich getrauen, wagen
suln/soln	sol	solde	sollen, müssen, werden (Umschreibung des Futurs), wollen
mugen	mac	mohte	mögen, imstande sein, können, dürfen
müezen	muoz	muos(t)e	müssen, können, mögen, dürfen

Das Paradigma gleicht weitgehend dem Nhd. Hier das Beispiel *kunnen*:

		Ind. Präs.	Konj. Präs.
Sg.	1.	kan	kunne
	2.	kanst	kunnest
	3.	kan	kunne
Pl.	1.	kunnen	kunnen
	2.	kunnet	kunnet
	3.	kunnen	kunnen

		Ind. Prät.	Konj. Prät.
Sg.	1.	kunde	künde
	2.	kundest	kündest
	3.	kunde	künde

Pl.	1.	kunden	künden
	2.	kundet	kündet
	3.	kunden	künden

Eine noch kleinere Gruppe bilden schließlich Verben, die besonders häufig verwendet werden. Früher nannte man sie Hilfsverben, heute spricht man von Sonderbildungen, weil ihr Formenbau besonders unregelmäßig ist. Am Anfang steht das Verb »sein«. Hier das Paradigma:

Ind. Präs.			Konj. Präs.
Sg.	1.	bin	sî
	2.	bist	sîst
	3.	ist	sî
Pl.	1.	sîn	sîn
	2.	sît	sît
	3.	sint	sîn

Das Prät. lautet im Sg.: *was*, im Pl. *wâren*, das Part. *gewesen*.

Das Verb *wellen* »wollen« lautet im Sg. *wil, wil/wilt, wil*, im Pl. *wellen, wellet, wellen*. Das Prät. wird mit *wolde* gebildet.

Das Verb *tuon* hat das Paradigma:

Ind. Präs.			Konj. Präs.
Sg.	1.	tuon	tuo
	2.	tuost	tuost
	3.	tuot	tuo
Pl.	1.	tuon	tuon
	2.	tuot	tuot
	3.	tuont	tuon

Ind. Prät.			Konj. Prät.
Sg.	1.	tete, tet	tæte, tete
	2.	tæte	tæte
	3.	tete, tet	tæte
Pl.	1.	tâten	tæten
	2.	tâtet	tætet
	3.	tâten	tæten

Das Verb *gân* lautet im Ind. Präs.: *gân, gâst, gât, gân, gât, gânt*; im Konj.: *gê, gêst, gê, gên, gêt, gên*. Das Prät. wird von der starken Form *gangen* gebildet und heißt *gienc* (verkürzt zu *gie*).

Das Verb *stân* lautet im Ind. Präs.: *stân, stâst, stât, stân, stân, stân*; im Konj.: *stâ, stâst, stâ, stân, stât, stân*. Das Prät. wird von der starken Form *standen* gebildet und heißt *stuont*. Das Partizip heißt *gestanden, gestân.*

Das Verb *hân* lautet im Ind. Präs.: *hân, hâst, hât, hân, hât, hânt*. Im Prät. Ind.: *hâte/hete* mit vielen Nebenformen, im Prät. Konj. *hæte/hete*.

Bei allen diesen Formen kann man sich oft nicht sicher sein, ob Indikativ oder Konjunktiv gemeint ist (*hete* kann z. B. »hatte« oder »hätte« bedeuten), man muss es aus dem Kontext erschließen.

Lektion 6
Substantive

Die Substantive sind einfacher aufgebaut als die Verben. Sie gliedern sich wiederum in zwei Abteilungen: in die starken und die schwachen.

Von den starken Substantiven gibt es Maskulina, Feminina und Neutra. Sie unterscheiden sich nach der Art, wie die Stämme gebaut sind, welches stammbildende Suffix zwischen Wurzel und Endung benutzt wird.

Nehmen wir das Beispiel *tages* (Gen. Sg. zu *tac*). Die Form ist zusammengebaut aus der Wurzel *tag*, dem stammbildenden Suffix *e* und der Endung *s*. In früher ahd. Zeit lautete das Suffix noch *a* (im Gen. Sg. etwa: *tagas*), und daher stammt die Bezeichnung: *a*-Stamm. Unter den starken Nomina gibt es also Substantive mit *a*-Stamm oder kurz: *a*-Stämme. Sie deklinieren wie im Nhd.:

Sg.: der tac, des tages, dem tage, den tac
Pl.: die tage, der tage, den tagen, die tage

Daneben gibt es auch *i*-Stämme. Wie immer, wenn ein *i* auftaucht, gibt es Umlaute. Und so ist es auch in diesem Fall, etwa bei *gast*:

Sg.: der gast, des gastes, dem gaste, den gast
Pl.: die geste, der geste, den gesten, die geste

Auch bei den starken Feminina gibt es umlautende und nicht umlautende Kandidaten. Die nicht umlautenden hatten als stammbildendes Suffix ein *ô* und heißen deshalb *ô*-Stämme. Beispiel:

Sg.: diu gâbe, der gâbe, der gâbe, die gâbe
Pl.: die gâbe, der gâben, den gâben, die gâbe

Und nun den umlautenden Fall, die *i*-Stämme. Beispiel:

Sg.: diu kraft, der kraft/krefte, der kraft/krefte, die kraft
Pl.: die krefte, der krefte, den kreften, die krefte

Schließlich zerfallen die starken Neutra in nicht umlautende *a*-Stämme und umlautende *er*-Plurale. Ein Beispiel für die *a*-Stämme:

Sg.: das wort, des wortes, dem worte, daz wort
Pl.: diu wort, der worte, den worten, diu wort

Ein Beispiel für *er*-Plurale:

Sg.: das blat, des blates, dem blate, daz blat
Pl.: diu bleter, der bleter, den bletern, diu bleter

Von allen starken Substantiva sind die Neutra die schwierigsten. Bei den *a*-Stämmen lauten 1. Sg. und 1. Pl. gleichermaßen *wort*, nur mit Artikel unterscheiden sich *daz wort* und *diu wort*.

Bei den *er*-Pluralen muss man wissen, dass sie im Mhd. noch die Ausnahmen darstellen. Erst im Nhd. sind viele *a*-Stämme zu diesen *er*-Pluralen übergegangen. Für eine Formenbestimmung ist das leider schwierig.

Die schwachen Substantive sind – alter Witz – wirklich schwach. Sie bestehen fast aus lauter gleichen Formen. Die Maskulina lauten im Sg.: *der bote, des boten, dem boten, den boten*; im Pl.: gleichlautend *die boten, der boten, den boten, die boten.*

Bei den Feminina ist es genauso: *diu zunge, der zungen* usf.

Bei den Neutra gibt es nur den Unterschied, dass Nom. Sg. und Akk. Sg. nicht auf *-en* lauten, alle anderen Formen dagegen wohl. Also: *daz herze, des herzen* usf.

Bei der Bestimmung eines Substantivs prüft man am besten zuerst, ob es stark oder schwach ist. Der beste Test ist der Gen. Sg., der nur bei den schwachen auf *-en* lautet. Die große Schwierigkeit liegt darin, dass im Nhd. die Substantive nicht nur stark und schwach sind, sondern auch eine gemischte Deklination hervorgebracht haben (Sg. stark, Pl. schwach). Man kann also sehr häufig vom Nhd. nicht aufs Mhd. »zurückschließen«. Gnädige Prüfer nehmen darauf Rücksicht und lassen Formen bestimmen, bei denen das Nhd. nicht zur Verwirrung beiträgt.

Lektion 7
Adjektive und Pronomen

Die Adjektive kennen wie die Substantive eine starke und eine schwache Flexion. Die schwache Adjektivflexion folgt der schwachen Substantivflexion, die starke teilweise der starken, teilweise aber auch der pronominalen. Zum Glück sind die Unterschiede jedoch so gering, dass man beim Übersetzen normalerweise keine Schwierigkeiten hat.

Am meisten aufpassen muss man bei der Endung *-iu*. Sie gilt sowohl für Nom. Sg. der Feminina (*guotiu vrouwe*) wie für den Nom. Pl. der Neutra (*guotiu wort*). *guotiu wort* sind also »gute Wörter«.

Auch in der Verwendungsweise sind die Unterschiede verhältnismäßig gering. Im Nhd. gilt nach bestimmtem Artikel schwaches Adjektiv, beim unbestimmten starkes. Auch bei fehlendem Artikel ist die Flexion stark. Also:

der große Berg
ein hoher Berg
Hoher Berg und tiefes Tal: die gehören zusammen.

Im Mhd. ist es ähnlich, aber es gibt den feinen Unterschied, dass beim Akk. Sg. Fem. eine schwache Form verwendet wird (die es im Nhd. nicht gibt):

ich klage die schœnen zît

Auch darüber wird jedoch kaum jemand bei der Übersetzung stolpern. Man sollte sich jedoch merken, dass es im

Mhd. noch die alte Wortstellung mit nachgestelltem Adjektiv gibt (wie bei Goethes »Röslein rot«). Das Adjektiv bleibt dann unflektiert. Es heißt also:

er was ein ritter guot
er gap einem ritter guot

Etwas schwieriger sind demgegenüber die mhd. Pronomen. Beim Personalpronomen gibt es die beiden ungeschlechtlichen Pronomen »ich« und »du« sowie die geschlechtlichen Pronomen »er, sie, es«. Im Mhd. lauten sie:

1. Sg.	ich	du	er, si(e), ez
2. Sg.	mîn	dîn	sîn, ir, es/sîn

Besonders die Genitive können es in sich haben. *mîn* heißt also (wenn es nicht Possessivpronomen ist) »meiner«, *sîn* »seiner«. Besonders vertrackt ist die 2. Sg. Neutrum, also *es* (nhd. »seiner«). Das kann man leicht verwechseln mit 1. Sg. *ez* (nhd. »es«). *daz ez* heißt also: »dass es«; *daz es* heißt: »dass dessen«.

Die übrigen Formen des Personalpronomens entsprechen wieder weitgehend dem Nhd. und machen weniger Schwierigkeiten. Aufzupassen ist auf folgende Formen:

Die Plurale der Feminina lauten *si* oder *sie*, die Neutra *siu* oder *si/sie*.

ir heißt sowohl »ihr« (Sg. Fem.) als auch »ihrer« (Pl. aller drei Geschlechter).

Und vor allem: *in* heißt sowohl »ihn« (Akk. Sg.) als auch »ihnen« (Pl. aller drei Geschlechter).

Das Reflexivpronomen lautet im Mhd. wie im Nhd. für

den Akkusativ *sich* (»er schämt sich«). Ein Unterschied zum Nhd. existiert nur beim Dativ. Wir sagen: »Er nahm das Schwert mit sich.« Dafür steht im Mhd. etwas irritierend das Personalpronomen: *er nam daz swert mit im.*

Das Possessivpronomen »mein«, »dein«, »sein« (abgeleitet von der 2. Sg. des Personalpronomens) lautet im Mhd. *mîn, dîn, sîn.* Die Flexion ist wie im Nhd. Ebenso flektieren *unser, iuwer, ir* wie im Nhd.

Der bestimmte Artikel (sowie das davon gebildete Relativpronomen) lautet im Mhd. *der, diu, daz.* Die Flexion ist weitgehend wie im Nhd. Der unbestimmte Artikel lautet im Mhd. *ein* und dekliniert ebenso weitgehend wie im Nhd. Neben *ein* gibt es im Mhd. die zusammengesetzte Form *dehein, deheiniu, deheinez* für nhd. »einer, eine, eines«.

Das Demonstrativpronomen weicht im Mhd. etwas stärker vom Nhd. ab:

1. Sg.	dirre, diser	disiu	ditz(e), diz

Aber auch in diesem Fall ist die Deklination dem Nhd. so ähnlich, dass es beim Übersetzen kaum Probleme geben dürfte.

Lektion 8
Konjunktionen

Man kann nicht alle Wörter lernen, aber man muss die lernen, die immer wieder vorkommen und noch dazu eine wichtige Rolle spielen. Dazu gehören die Konjunktionen. Während so viele Substantive und Verben im Nhd. erhalten blieben, haben sich eigenartigerweise die meisten mhd. Konjunktionen im Nhd. geändert. Aber Konjunktionen sind für die Erfassung der Bedeutung eines Satzes sehr wichtig.

Beginnen wir mit zwei Konjunktionen, die man leicht verwechseln kann: *dô* und *dâ*. *Dô* heißt »als« und eröffnet einen Temporalsatz. Erec ist beleidigt worden, kann sich aber (weil unbewaffnet) nicht wehren und folgt seinen Beleidigern:

160 dô er in begunde gâhen nâ …

Das heißt: »Als er sich ihnen näherte …« Dann folgt die nächste Zeile:

161 dô kam er rehte ûf irn slâ.

Wieder *dô*, aber diesmal nicht als Konjunktion, sondern als Adverb. Es heißt also: »da (ganz wörtlich: damals, auf keinen Fall zu verwechseln mit ›da‹ im Sinne von ›weil‹) kam er auf ihre Spur«.

Und nun dasselbe mit *dâ*. *Dâ* heißt »wo« und eröffnet einen Relativsatz. Die Dame geht in Richtung der Fremden (Ritter, Zwerg, Dame),

30 dâ sî daz getwerc rîten sach

Das heißt: »wo sie den Zwerg reiten sah«. Und wiederum die Alternative mit dem Adverb. Der fremde Ritter kommt in eine Burg:

178 dâ wart er emphangen wol (»Dort wurde er bestens empfangen.«)

Am besten trainiert man diese Konjunktionen (und gleich zusammen mit ihren gleichlautenden Adverbien) einmal auf eine etwas künstliche Weise:

dô er dô heißt: als er damals
dô er dâ heißt: als er dort
dâ er dô heißt: wo er damals
dâ er dâ heißt: wo er dort

Merken Sie den Riesenunterschied? Und können Sie sich vorstellen, wie unnötig man den Sinn verkehrt, wenn man diese winzigen Wörtchen nicht kennt?

Zuletzt noch eine kleine Komplikation. Ich nehme noch einmal

58 daz si mâl dâ von gewan

In diesem Fall gehört das *dâ* zum nachfolgenden *von*, man liest also: »davon«.

Weiter mit den Konjunktionen. Ich zähle die wichtigsten auf und erläutere sie anhand von Beispielen.

Temporalsätze

Temporalsätze können außer mit *dô* mit folgenden weiteren Konjunktionen eingeleitet werden:

sît seit, seitdem
sît daz wir von in schieden … (»seit/seitdem wir von ihnen geschieden sind …«)

als sowie
als er die stat ersach … (»sowie er die Stadt erblickte …«)

swenne wann immer / sooft
swenne siz vernæmen … (»wann immer sie es vernähmen …)

unz bis
… *unz er in sô nâhen kam* (»… bis er ihnen so nah kam«)

sô wenn
sô si gedahte an Helchen … (wenn sie an Helche dachte …«)

swie sobald
swie schiere er wider kæme (»sobald er zurückkäme«)

ê (daz) bis
… *ê daz si* … *sâhen einen ritter* (»bis sie einen Ritter sahen«)

unde als
dô wurden gote gehôrsam alle, unt si diu grôzen zeichen sâhen (»Da wurden alle Gott gehorsam, als sie die großen Zeichen sahen.«)

Kausalsätze

sît da, weil
sît dich got sô gêret hat (»da/weil dich Gott so geehrt hat«)

wande/ wan weil, denn
wande sî mir dô tâten michel unreht … (»weil sie mir damals großes Unrecht taten«)
… *wan er was mêrre dann ich* (»denn er war größer als ich«)

Erläuternde Sätze

daz (in der Weise) dass, weil
Erec dô ahten began, der ritter wære dehein vrum man, daz er ez vor im vertruoc … (»Erec begriff, dass der Ritter kein anständiger Mann sei, weil er vor seinen Augen zuließ …«)

Konditionalsätze

ob wenn
… *ob er ze den selben zîten hin wider wolde rîten* (»… wenn er jetzt dorthin reiten würde«)

unde wenn
die andern tugende sint enwiht, und ist dâ bî diu stæte niht (»Die andern Tugenden sind nichts, wenn nicht die Beständigkeit hinzukommt.«)

Konzessivsätze

swie obwohl/wenn auch
nu volge aber ich, swie ich es niht genieze (»Ich folge, obwohl ich/wenn ich auch keinen Vorteil davon habe.«)

Konsekutivsätze

sô daz so dass
des schame ich mich sô sêre daz ich iuch nimmer mêre … (»Dafür schäme ich mich so sehr, dass ich Euch nimmermehr …)

Modalsätze

als wie
… als ir geboten wart (»wie ihr geboten wurde«)

wie wie
liez si schouwen, wie sêre si was geslagen (»ließ sie sehen, wie sehr sie geschlagen worden war«)

swie wie auch immer
swie sie sint, sô will ich sîn (»wie auch immer sie sind, so will ich auch sein«)

Vergleichssätze

daz wie
… eine schande alsô grôz daz ir nie dehein mîn genôz eines hâres mê gewan (»… eine so große Schande, wie sie kein Genosse von mir um ein Haar größer davontrug«)

Einschränkende Sätze

wan (daz) als dass, nur dass, außer dass
ich ensage dir anders niht wan daz dir alsam geschiht (»ich sage nichts anderes, als dass es dir genauso gehen wird«)

niuwan (daz) außer dass
... niuwan daz geliche arme unde rîche ... kæmen (»außer dass gleichermaßen Arme und Reiche kämen«)

Finalsätze

daz damit
sô half der küneginne bete dem herzoge, daz er unde sîne man riten (»Da half die Bitte der Königin dem Herzog, damit er und seine Leute reiten konnten ...«)

Man sieht nun, dass die Konjunktionen nicht nur vom Nhd. stark abweichen, sondern dass weitere Probleme damit entstehen, dass die gleichen Konjunktionen verschiedene Nebensätze einleiten können. Am meisten muss man auf die folgenden Alternativen aufpassen:

sît ist Kausalsatz (da, weil) oder Temporalsatz (seit, seitdem).
wan ist Kausalsatz (weil) oder als *wan daz* einschränkender Satz (außer dass).
ob ist Konditionalsatz (wenn), kann aber auch abhängige Fragesätze einleiten (ob).
als ist Temporalsatz (als) oder Modalsatz (wie).
swie ist Temporalsatz (sobald), Konzessivsatz (obgleich) oder Modalsatz (wie auch immer).

unde ist (abgesehen natürlich von der am allerhäufigsten vorkommenden Bedeutung »und«) auch noch entweder Temporalsatz (als) oder Konditionalsatz (wenn) und kann auch schließlich noch Relativsätze einleiten.

daz kommt in sechs Funktionen vor: als Vergleichssatz, einschränkender Satz, erläuternder Satz oder Finalsatz, ist als *so daz* Konsekutivsatz und leitet schließlich auch noch ganz normale Relativsätze ein.

Lektion 9
Schwierige Nebensätze

Was sind Nebensätze? Machen wir einen kleinen Umweg und sehen uns den Satz an:

Erec schenkt Enite ein Pferd.

Das ist ein Hauptsatz. Wie kommt Leben in diesen Satz? Etwa so:

Erec schenkt Enite ein schönes Pferd.

Damit stehen wir kurz vor unserm ersten Nebensatz. Man kann nämlich umformen:

Erec schenkt Enite ein Pferd, das schön ist.

Das ist ein Relativsatz. Relativsätze entstehen aus Attributen, in diesem Fall aus dem Adjektiv-Attribut »schön«. Ein Relativsatz bietet also eine Information, die sich nicht auf den Satz insgesamt bezieht, sondern nur auf einen bestimmten Satzteil, in unserm Beispiel das Objekt (»Pferd«). Man erkennt Relativsätze am Relativpronomen (»der«, »die«, »das«), das sich auf das Bezugswort bezieht.

Ich kann unsern Beispiel-Hauptsatz aber auch anders erweitern, etwa so:

Erec schenkt Enite morgens ein Pferd.

Auch das lässt sich umformen zu einem Nebensatz:

Erec schenkt Enite ein Pferd, als der Morgen anbrach.

Das ist ein Adverbialsatz. Adverbialsätze entstehen aus Adverbien oder adverbialen Bestimmungen, in diesem Fall aus dem Adverb »morgens«. Der Nebensatz bezieht sich jetzt auf den Hauptsatz insgesamt, fügt ihm eine nähere Bestimmung zu: hier der Zeit (das Schenken fand am Morgen statt). Man erkennt diesen Nebensatz an der Konjunktion (»als«). Von diesen Konjunktionen für die verschiedenen logischen Funktionen gibt es eine ganze Menge, wie wir schon im entsprechenden Kapitel gesehen haben.

Schließlich gibt es eine dritte Quelle für Nebensätze. Man kann nämlich nicht nur Attribute und Adverbien in Nebensätze umformen, sondern auch Subjekt und Objekt. Das ergibt Ergänzungssätze, die mit »dass« beginnen:

Dass Erec Enite ein Pferd schenkt, ist schön.

Das ist ein Subjektsatz. Man könnte umformen: Das Geschenk des Pferdes (Subjekt) ist schön. Ein Objektsatz sieht so aus:

Artus sollte verbieten, dass Erec Enite ein Pferd schenkt.

Man kann nämlich umformen: Artus sollte das Geschenk des Pferdes (Objekt) verbieten.

Solche Ergänzungssätze können auch als indirekte Fragen auftreten:

Erec stellt sich die Frage, ob Enite ein Pferd braucht.
Erec stellt sich die Frage, wie er Enite helfen kann.
Erec stellt sich die Frage, wer Enite ein Pferd besorgt.

In allen diesen Fällen ist der Hauptsatz insgesamt ergänzt. Bezieht sich die Ergänzung nur auf einen einzelnen Satzteil, liegt ein Attributsatz vor. Etwa so:

Erecs Frage, ob Enite ein Pferd braucht …
Erecs Idee, wie Enite zu einem Pferd kommt …

Ziehen wir ein Zwischenfazit: Es gibt Haupt- und Nebensätze. Nebensätze sind

Attributsätze (Relativsätze, indirekte Fragen)
Adverbialsätze (Ort, Zeit, Art und Weise usf.)
Ergänzungssätze (Subjekt- und Objektsätze, indirekte Fragen)

Alle diese Nebensätze tauchen auch im Mhd. auf. Man erkennt sie an den Relativpronomen (*der*, *diu*, *daz*), an den Fragepronomen (*wer*, *wie*, *ob*), an den Konjunktionen (die schon ausführlich behandelt wurden). Alle diese Sätze sind verhältnismäßig harmlos.

Bei den Relativsätzen gibt es allenfalls die (sehr selten auftretende) Schwierigkeit, dass sie auch mit *unde/und* eingeleitet werden können:

diu genâde und er an im begie … (»Die Gnade, die er ihm gewährte …«)

Bei den Adverbialsätzen gibt es die Schwierigkeit mit den im Nhd. fremden Konjunktionen und noch dazu mit den verschiedenen Bedeutungen dieser Konjunktionen.

Aber es gibt eine ganz schlechte Nachricht: Richtig ungemütlich wird es, wenn die Nebensätze keine einleitende Konjunktion haben. Und das haben sie im Mhd. ziemlich häufig.

Bevor ich ein entsprechendes Beispiel wähle, noch eine Erläuterung zuvor, die wir sofort brauchen. Sie betrifft die Negation im Mittelhochdeutschen. Dafür gibt es nämlich zwei Möglichkeiten; erstens die Negationspartikel *en* (auch *ne*):

170 si enkâmen ûf dem wege (»sie kamen auf dem Weg nicht«)

Zweitens das (aus dem Nhd. gewohnte) Negationsadverb *niht*:

164 zuo in was im niht ze gâch (»zu ihnen [zu kommen] hatte er es nicht eilig«)

Ganz anders aber als im Nhd. gibt es auch die Kombination von beidem, also doppelte Verneinung, was jedoch nicht wie im Lateinischen zur Bejahung führt:

88 ir ensît niht wîse liute (»Ihr seid keine weisen Leute«)
113 ich enmac des niht verlougen (»ich kann das nicht leugnen«)

Und nun der angekündigte Nebensatz ohne Konjunktion, der so viele Schwierigkeiten macht:

126 f. (ich) enweiz zwiu mir daz leben sol, / ez ensî daz ich mich des erhol

Zuerst haben wir den Hauptsatz mit nachfolgendem Nebensatz als indirekten Fragesatz: »Ich weiß nicht, wozu mir das Leben noch gut sein soll«. Dann aber folgt ein weiterer Nebensatz. Woran erkenne ich ihn? Zuerst einmal am Komma (leider benutzen die Herausgeber nach alter Tradition nicht die moderne Zeichensetzung, sondern begnügen sich mit nur wenigen Kommas). Wenn danach ein weiterer Hauptsatz folgen würde, wäre es eine Aufzählung (»Ich weiß es nicht«, »es ist nicht so«). Aber das Verb steht im Konjunktiv, womit sehr häufig die Nebensatzform angezeigt wird. Nur: welcher Nebensatz? Ist es ein dass-Satz oder ist es ein Adverbialsatz ohne Konjunktion, wobei es sich zum Glück meistens um einen Konditionalsatz (also die Konjunktion »wenn«) handelt? Ich empfehle in diesem Fall eine etwas brutale Lösung: ausprobieren. Was gibt einen Sinn?

dass es nicht (so) ist, dass ich mich davon erhole

oder:

wenn es nicht (so) ist, dass ich mich davon erhole

Dabei ist die Lösung wirklich klar. Es geht nur:

Ich weiß nicht, wozu mir das Leben dienen soll, *wenn* es nicht so ist, dass ich mich von dem schweren Schlag erhole.

Sofort das nächste Beispiel:

48f. diu maget lie niht umbe daz / si enwolde rîten vürbaz.

Wieder gibt es einen klaren Hauptsatz: »Die junge Frau ließ nicht davon ab…« Wenn man jetzt glaubte, es folge ein Hauptsatz, käme heraus: »Sie wollte nicht weiterreiten.« Aber das wäre falsch, auch vom Inhalt her ganz unwahrscheinlich. Ich versuche es also mit einem Nebensatz. Mit welchem? Mit der Konjunktion »wenn« oder »dass«. Also:

Sie ließ nicht davon ab, *wenn* sie nicht weiterreiten wollte.
Sie ließ nicht davon ab, *dass* sie nicht weiterreiten wollte.

Jeder sieht wieder sofort, dass nur die zweite Lösung in Frage kommt: der Objektsatz. Dann bleibt noch eine letzte Schwierigkeit, die in solchen Fällen typisch ist: die Negation. Irgendwie klingt der Nebensatz noch falsch. Gemeint ist offenbar:

Sie ließ nicht davon ab, dass sie weiterritt.

Im Mhd. wird im Nebensatz die Negation aus dem Hauptsatz noch einmal wiederholt. Im Nhd. wird das vermieden, die mhd. Negation ist also »pleonastisch« (überflüssig).

Atmen wir einmal tief durch und fassen zusammen. Es gibt im Mhd. Adverbialsätze mit und ohne Konjunktion. Die mit Konjunktion sind viel einfacher, weil ihr Sinn durch die Konjunktion klar bestimmt wird. Die ohne Konjunktion sind viel schwieriger. Wenn ich aber begriffen habe, dass ich einen solchen Nebensatz ohne Konjunktion vor mir habe, kann ich nach Schema vorgehen. Ich probiere, ob es sich um einen Adverbial- (meist mit »wenn«) oder einen Objektsatz (dass-Satz) handelt. Und ich kontrolliere, ob die Negation im Nhd. nötig ist (oder umgekehrt auch eine gegen die mhd. Vorlage hinzugefügt werden muss, das gibt es auch). Und alles dies aufgrund des Sinns.

Machen wir sofort die Probe aufs Exempel. Hier der Satz:

113 vrouwe, ich enmac des nicht verlougen,
wan ir ez selbe habet gesehen,
mir ensî vor iu geschehen
eine schande …

Der Satz beginnt mit einem harmlosen Hauptsatz: »Herrin, ich kann nicht verleugnen«. Dann folgt ein Nebensatz mit der Konjunktion »denn/weil«: »denn Ihr habt es selbst gesehen«. Und dann ein weiterer Nebensatz ohne Konjunktion (aber mit verdächtigem Konjunktiv). Stellen wir uns einfach dumm: wenn-Satz oder dass-Satz, also:

wenn mir vor Euch keine Schande geschehen ist
dass mir vor Euch keine Schande geschehen ist

Lösung natürlich: »Ihr habt gesehen, dass …« Und die Negation? Aus der Handlung wissen wir genau, dass die Schande da ist. Es kann also nur heißen:

Herrin, ich kann nicht verleugnen, denn Ihr habt es selbst gesehen, dass mir vor Euch eine Schande geschehen ist …

Und noch ein letztes Beispiel aus diesem schwierigen Bereich. Erec will mit der ihm angetanen Schande nicht weiterleben und kündigt an, dass er etwas unternehmen möchte. Dann heißt es:

129 f. ich ensterbe in kurzer vrist, / sô sol ichz versuochen.

Würde man v. 129 als Hauptsatz verstehen, käme heraus:

Ich sterbe nicht binnen kurzem, (also) werde ich es versuchen.

Aber das wäre falsch. Der erste Vers ist nämlich ein Nebensatz (Konditionalsatz), der zweite ein Hauptsatz. Ich muss also übersetzen:

Wenn ich nicht binnen kurzem sterbe, werde ich es versuchen.

Lektion 10
Genitive

Genitive müssen keine Schwierigkeiten machen, können es aber. Nicht schwierig sind Genitive, die als Attribute auftreten, als nähere Bestimmung zu Substantiven (daher auch: adnominale Genitive):

das Pferd Enites
das Haus des Vaters
das Wunder des Lebens

In diesen Fällen gibt es im Mhd. keinerlei Abweichung vom Nhd. Ein wenig schwieriger wird es, wenn diese Genitive von »sein« oder »werden« bestimmt sind:

Er ist des Todes.
Er wird des Todes sein.

In allen diesen Fällen kann man von Genitiven der Zugehörigkeit oder Beschaffenheit sprechen – und die gibt es im Nhd. noch wie im Mhd.

Anders ist es mit drei weiteren Genitiven, die im Nhd. selten geworden sind, im Mhd. aber häufig vorkommen. Man muss sie kennen, um den Sinn eines Satzes erfassen zu können.

Dazu gehört der Objektgenitiv, also ein Genitiv, der Objekt des Verbs (genauer: des Prädikats) ist. Im Nhd. stehen Objekte von Verben in der Regel im Dativ oder Akkusativ:

Erec schenkt Enite (Dativ) ein Pferd (Akkusativ).

Der Genitiv kommt nur noch bei wenigen Verben vor:

Sie gedenken der Toten.

Dieser Objektgenitiv aber ist im Mhd. noch voll ausgebaut:

eines dinges gern	etwas begehren
eines dinges geruochen	sich um etwas kümmern
eines dinges geniezen	eine Sache genießen
eines dinges engelten	den Schaden von etwas haben
eines dinges walten	eine Sache beherrschen
eines dinges pflegen	für etwas sorgen
eines dinges enbern	eine Sache entbehren
eines dinges beginnen	etwas beginnen
eines dinges vergezzen	etwas vergessen
eines dinges warten	auf etwas aufpassen
eines dinges ergetzen	für eine Sache entschädigen
eines dinges jehen	etwas behaupten
sich eines dinges underwinden	sich mit etwas befassen
sich eines dinges bewegen	auf etwas verzichten
mich verdriuzet eines dinges	mir ist etwas lästig
mich bevilt eines dinges	mir ist etwas zu viel
mir gebristet eines dinges	mir fehlt etwas

Schwierig ist weiterhin der partitive Genitiv. Mit ihm wird eine Teilmenge bezeichnet, was im Nhd. noch vorkommt bei

einer der Männer

Im Mhd. kann dieser Genitiv von einem Substantiv abhängig sein:

ein becher wînes   ein Becher Wein

von einem Zahlwort:

zwelf küener ritter   zwölf kühne Ritter

von einem substantivierten Adjektiv:

der êren vil	viele Ehren
lützel gemaches	wenig Ruhe
er hât des guotes niht	er hat nichts an Besitz

Objektgenitiv und partitiver Genitiv unterscheiden sich wiederum vom Genitiv der Relation. Er drückt eine Beziehung oder einen Bezug aus, im Nhd. etwa in Fällen wie:

der Sinne mächtig	(mächtig in Bezug auf die Sinne)
des Trubels überdrüssig	(überdrüssig in Bezug auf den Trubel)

Im Mhd. kommt dieser Genitiv häufig bei folgenden Adjektiven vor:

vrô eines dinges	froh über etwas
vol eines dinges	voll von etwas
vrî eines dinges	frei von etwas
arm eines dinges	arm an etwas

Weiter existieren noch eine Reihe weiterer Formen, die sich zum Glück normalerweise aus dem Kontext erschließen:

niht schœners	nichts Schöneres
iht (»etwas«) dinges	irgendein Ding
owê des troumes	ach, dieser Traum
er reit des morgens	er ritt am Morgen
er wîsete in des endes	er zeigte ihm die Richtung

Wichtig ist auch noch das *des* am Satzanfang (der Genitiv des Artikels, wörtlich: dessen). Man kann mit »davon«, aber auch mit »deshalb« übersetzen:

des gewan er êre	deshalb gewann er Ansehen

Und nun noch eine kleine Übung (mit »alkoholischen« Beispielen):

vil des wînes bedeutet »viel Wein«. Warum partitiv? Weil es auch wenig Wein sein könnte.

vol des wînes bedeutet »voll vom Wein«. Warum Relationsgenitiv? Weil man sich nicht nur mit Wein, sondern auch mit Bier betrinken kann, man also betrunken in Bezug auf Wein ist.

Lektion 11
Semantik

Man muss beim Erlernen des Mhd. nicht Vokabeln lernen wie bei einer Fremdsprache. Eine Ausnahme bilden Wörter, die häufig vorkommen und für das Verständnis unabdingbar sind. Dazu gehören wie schon erwähnt die Konjunktionen. Hier gilt eben doch ausnahmsweise: Vokabellernen.

Aber es gibt eine weitere Klippe. Die mhd. Wörter gleichen oft den nhd., ohne ihnen wirklich zu entsprechen. Das ist in jeder Sprache normal und wird unter dem Gesichtspunkt der »Entwicklung« behandelt. Im folgenden sind die wichtigsten Beispiele aufgeführt, von denen viele selbst in unserem knappen *Erec*-Ausschnitt vorkommen. In einigen Fällen sind auch Ausdrücke hinzugestellt, die im Nhd. komplett untergegangen sind.

angest stf. (auch stm.) Angst, Furcht, aber auch Bedrängnis. Die Bedeutung ist identisch mit *vorhte* stf. (auch *vorht* stm.). Das Adj. *engestlich* kann »ängstlich« bedeuten, aber auch »gefährlich«. Für *forhtsam* gibt es ebenfalls sowohl die Bedeutung »furchtsam« wie »furchteinflößend«.

arbeit stf. Mühe, Not. Musterbeispiel für eine semantische »Umwertung«, die mit der Reformation und ihrer Aufwertung der »Arbeit« (als Weg zum Seelenheil) in Zusammenhang gebracht wird.

âventiure stf. nur zur Not mit »Abenteuer«, am besten als Fremdwort mit »Aventiure« zu übersetzen. Gemeint ist die Herausforderung, die Ritter im Kampf mit ihresgleichen, aber auch mit Ungeheuern suchen. Im *Nibelungenlied* sind die einzelnen Erzählabschnitte als *âventiuren* bezeichnet.

baz als Adj.: Komparativ zu *wol*, besser; als Adv.: besser, mehr.

biderbe Adj., ritterlicher Wertbegriff: tüchtig, brauchbar, angesehen. Im Nhd. zu »bieder« verbürgerlicht, das nach dem 19. Jahrhundert eher abwertend verwendet wird.

bœse Adj. böse, schlecht, wertlos.

dehein adjektivisches Zahlpronomen: irgendeiner, einer (im Nhd. also zu »ein« verkürzt). Das Tückische liegt darin, dass *dehein* in abhängigen Sätzen (mit Konjunktiv) mit *kein* zusammenfällt, also »keiner« bedeutet.

drâte Adv. schnell.

edel Adj., ritterlicher Wertbegriff: adlig, edel, kostbar.

ellende stn. Fremde bzw. Leben in der Fremde, Ausland. Erst im Nhd. Wandel zum »Elend« in einem allgemeineren Sinne.

êre stf. einer der zentralen Werte des Rittertums, bezeichnet das Ansehen, die Wertschätzung, also (noch) nicht eine »innere« Form ehrenhaften Verhaltens. Bei der Übersetzung ist »Ansehen« eine brauchbare Lösung.

gast stm. Fremder, auch feindlicher Krieger. Daneben der Fremde, den man als Gast aufnimmt und bewirtet.

gelücke stn. Geschick, Zufall (im Sinne von lat. *fortuna*), dann erst »Glück«.

gemeit Adj. Wertbegriff, der häufig bei Frauen verwendet wird (im *Erec* v. 12): froh, tüchtig, lieblich.

hêrre stm. Herr im Sinne von hoher Herr, Gebieter, Lehnsherr.

hôchzît stf. hohes kirchliches oder weltliches Fest, erst im Nhd. erfolgt eine Verengung zum Hochzeitsfest.

hôher muot stm. zentraler höfischer Wertbegriff, bezeichnet die positive Stimmung, Lebensfreude am Hof (Adj.: *hôchgemuot*), darf also nicht mit unserm »Hochmut« als Laster verwechselt werden.

hövesch Adj. hofgemäß, fein gebildet, fein gesittet. Den Gegensatz bildet die Welt der *dörper* mit ihrer Unbildung. Herkunft von französisch *courtois*, damit Verbindung zur vorbildlichen Hofkultur Frankreichs.

huote, huot stf. (nicht zu verwechseln mit *huot* stm. »Hut«) Behütung, Bewachung, Nachstellung, speziell die eifersüchtige Bewachung der Ehefrau.

kiusche stf. ritterlicher Wertbegriff, speziell bei der Frau: (jungfräuliche) Unberührtheit, Keuschheit. Als Adj. *kiusche* ebenfalls keusch, rein.

kneht stm. Knabe, Jüngling, auch Mann, Krieger usf. Es gibt die Verengung auf den nicht-adligen Diener, aber auch ein Ritter kann als *kneht* bezeichnet werden.

kranc Adj. kraftlos, schwach, aber auch schlecht, sündhaft.

lîp stm. Leib, Leben, in der Formulierung *mîn lîp* Bezeichnung der eigenen Person (also: ich).

list stm. Weisheit, Klugheit im positiven, aber auch Schlauheit im negativen Sinne (also nhd. »List«); daneben Wissenschaft, Kunst, Lehre.

lützel Adj. klein, wenig.

maget stf. Bezeichnung der Jungfrau im Sinne der noch nicht verheirateten (auch adligen) Frau, daneben die Dienerin der Herrin (*vrouwe* s. dort), auch die (unfreie) Magd.

man eigene Deklinationsformen (Nom. Sg. und Pl. gleich), Mensch, Kriegsmann; daneben: Dienstmann, Vasall.

mære stn. Kunde, Erzählung, Gerücht; stf. Rede, Kunde, Erzählung, Dichtung. Davon zu unterscheiden ist das Adj. *mære*, das »berühmt« bedeutet.

mâze stf. zentraler höfischer Wertbegriff, bezeichnet die Mäßigung, das Maßhalten im Gegensatz zu Gewalt und Roheit.

milte stf. zentraler höfischer Wertbegriff, bezeichnet Freundlichkeit, Güte, Geduld, Barmherzigkeit, daneben auch Großzügigkeit, Freigebigkeit.

minne stf. und swf., höfische Form der Liebe im Sinne eines Dienstes, daneben: freundliches Gedenken, auch religiöse Liebe.

orden stm. zentraler politischer Begriff, der den (unverrückbaren, also auch nicht aufgebbaren) Stand in der Gesellschaft bezeichnet: nach der Drei-Stände-Lehre die Geistlichen (die Betenden), den Adel (die Kämpfenden) und die Bauern (die für die Nahrung zuständig sind). Daneben auch die Bezeichnung für Gesetz allgemein sowie speziell für die geistlichen Orden (Benediktiner, Zisterzienser usf.).

rîche, rîch Adj. von Personen: von hoher Abkunft, vornehm, edel, mächtig; von Sachen: kostbar, herrlich, stattlich.

ritter stm. ursprünglich die Bezeichnung des Kriegers als Dienstmann großer Herren. In höfischer Zeit wird der *ritter* unter dem Einfluss der Kirche zum Adelsprädikat und selbst von Königen und Kaisern zur Selbstbezeichnung benutzt. Epen wie der *Erec* zeichnen das Bild dieser neuen sozialen Figur.

sælde stf. zentraler höfischer Wertbegriff, bezeichnet Güte, Heil, Glück der ritterlichen Gesellschaft.

schiere Adv. bald.

sin stm. bezeichnet sowohl die Sinnlichkeit wie auch Geist, Verstand. Speziell auch Überlegung, Absicht, Kunstgriff.

stæte stf. zentraler höfischer Wertbegriff, bezeichnet die Beständigkeit, Festigkeit im Umgang miteinander.

triuwe stf. zentraler höfischer Wertbegriff, stammt aus dem Lehnswesen, wo er die unbedingte Gefolgschaftstreue dem Herrn gegenüber bezeichnet. In den höfischen Epen wird der Begriff auch auf andere Bindungen, nicht zuletzt zwischen Mann und Frau ausgedehnt (was dann im Nhd. dominiert).

tugent stf. Tüchtigkeit, fasst die höfischen Wertbegriffe zusammen, wobei noch nicht die Verengung auf den moralischen Bereich wie in der Neuzeit vorliegt. Zu den *tugenden* gehören eben auch Fertigkeiten wie der Umgang mit Lanze und Schwert.

tumb s. *wîse*.

übel als Adj. übel, böse; als stn. das Übel, das Böse

urloup stm. Erlaubnis, bes. die Erlaubnis zu gehen, von daher: Abschied, Verabschiedung, auf keinen Fall nhd. »Urlaub«.

veige Adj. verdammt, unselig, auch tot; erst daneben und dann im Nhd. feige.

vorhte s. *angest*.

vrouwe, juncvrouwe stf. bezeichnet den hohen Stand einer weiblichen Person, die Herrin. Als reine Geschlechtsbezeichnung dient demgegenüber *wîp*, Frau, das noch keinerlei abschätzigen Nebensinn besitzt.

vrümekeit stf. zentraler höfischer Wertbegriff, bezeichnet ganz allgemein die Tüchtigkeit, also nicht in der Einengung auf die religiöse Sphäre.

vuoge stf. zentraler höfischer Wertbegriff, bezeichnet den Anstand und wechselt sich ab mit *zuht*. Gemeint ist die Präsentation von Tugenden wie *êre* oder *mâze*.

wân stm. bloßes Vermuten, aber auch Glaube, Hoffnung sowie ganz allgemein: Gedanke.

wîp stf. s. *vrouwe*.

wirt stm. Hausherr, Burgherr, Ehemann. Erst im Nhd. Verengung der Person, die eine andere »bewirtet«, zum berufsmäßigen »Wirt«.

wîse, *wîs* als Adj. verständig, erfahren, klug, gelehrt, weise. Das Gegenteil wird durch *tump* ausgedrückt. Als stm. der Kluge, Weise im Gegensatz zum *tumben* oder *tôren*.

witze stf. Wissen, Verstand, Einsicht, Weisheit. Noch im 18. Jh. bedeutet »Witz« (etwa bei Gottsched) die Fähigkeit, Ähnlichkeiten zu erkennen. Erst später entsteht daraus die Verengung zum »Witz« im Sinne von Komik.

zehant Adv. sofort.

zuht stf. s. *vuoge*.

Übersetzung

Hartmann von Aue: *Erec* 1–199

Die folgende Übersetzung bemüht sich um größtmögliche »Wörtlichkeit«, um den mhd. Text so durchsichtig zu machen wie eben möglich. Man sollte auch in einer Klausur so beginnen und sich erst dann um eine flüssigere Fassung bemühen (was kein Problem ist, wenn man erst einmal »verstanden« hat). Wer ein Vorbild für eine solche »gute« Übersetzung sucht, kann sich an die zweisprachige Reclam-Ausgabe halten (Hartmann von Aue, *Erec*, Mhd./Nhd., hrsg., übers. und kommentiert von Volker Mertens, Stuttgart 2008), der auch der vorliegende Text entnommen wurde.

Der *Erec* ist (fast) vollständig nur in einer einzigen Handschrift überliefert: im Ambraser Heldenbuch aus dem frühen 16. Jahrhundert. Die folgende Fassung sucht den originalen Sprachstand des späten 12. Jahrhunderts zu rekonstruieren. Ausgerechnet der Anfang des Textes fehlt, ist allerdings aus der französischen Fassung des *Erec et Enide* von Chrétien de Troyes erschließbar. Von daher ergibt sich die folgende Handlung: Während König Artus mit seinen Rittern auf die Jagd geht, macht die Königin einen Spazierritt, begleitet von ihren Hofdamen und dem noch unerfahrenen Erec, der überdies ungerüstet ist.

[sô muoste er belîben]
bî ir und bî ir wîben. 1

[So musste er bleiben (*blîben* stv. I)]
bei ihr und bei ihren Frauen (zu *wîp* stn. s. Semantik).

1 HS.

diz was Êrec fil de roi Lac, 2
der vrümekeit und sælden phlac, 3
durch den diu rede erhaben ist. 4

Dies war Erec fils du roi Lac (Hartmann spricht hier modisch französisch, das also auch im Nhd. nicht übersetzt werden darf, sondern am besten in modernem Frz. wiedergegeben wird), der über Tapferkeit (*vrümekeit* stf. s. Semantik) und Glück (*sælde* stf. s. Semantik) verfügte [und] von dem die Erzählung handelt (*erhaben:* Part. Prät. zum stv. VI *erheben*).

2 HS, 3 Relativsatz, 4 weiterer Relativsatz.

nû riten si unlange vrist 5
neben einander beide, 6
ê daz si über die heide 7
verre in allen gâhen 8
zuo rîten sâhen 9
einen ritter selbedritten, 10
vor ein getwerc, dâ enmitten 11
eine juncvrouwen gemeit, 12
schœne unde wol gekleit. 13

Nun ritten (*rîten:* stv. I) sie eine nicht lange Frist beide nebeneinander, bis sie über die Heide fern [von] ihnen (*in:* Dat. Pl. des Personalpronomens) allen in raschem Tempo (*gâhen:* Adv., verwandt mit »jäh«) zureiten sahen (*sehen:* stv. V) einen Ritter mit zwei Begleitern (*selbdritt:* selbst der dritte, also zu dritt), vor [ihnen] einen Zwerg, dort mittendrin eine prächtige (*gemeit* s. Semantik) Jungfrau, schön und wohlgekleidet.

5–6 HS, 7–10 NS (Temporalsatz), 11–13 als Aufzählung der weiteren Personen (an den Ritter) angehängt.

und wunderte die künegîn 14
wer der ritter möhte sîn. 15

Und (es ver)wunderte die Königin, wer der Ritter sein könnte (*möhte:* 3. Sg. Prät. zum Prät.-Präs. *mugen*, »mögen« (die Modalverben müssen im Nhd. oft in einer anderen Modalität wiedergegeben werden, hier: statt »mögen« besser »können« oder freier und ganz ohne Modalität: »wer der Ritter sei«).

14 HS, 15 NS (indirekter Fragesatz: Subjektsatz).

er was ze harnasche wol, 16
als ein guot kneht sol. 17

Er war dem Harnisch nach gut [gerüstet], wie [es] ein guter Knecht (*kneht* stm. s. Semantik) [sein] soll (*sol:* 3. Sg. Präs. zum Prät.-Präs. *suln*, »sollen«).

16 HS, 17 NS (Modalsatz).

Êrec der junge man 18
sîn vrouwen vrâgen began 19
ob erz ervarn solde. 20

Erec, der junge Mann (also: der junge Erec), fragte (wörtl.: begann zu fragen, beruht wohl auf Reimnot) seine Herrin (zu *vrouwe* s. Semantik), ob er es (*er ez*) in Erfahrung bringen (*ervarn* stv. VI, wörtl.: erfahren, was nhd. nicht geht) sollte.

18–19 HS, 20 NS (indirekter Fragesatz: Objektsatz).

diu vrouwe des niht wolde: 21
si bat in dâ bî ir tweln. 22

Die Herrin wollte das (*des:* Gen. Sg. des Artikels, wörtl.: »dessen«, beruht auf dem Gen. bei Verben wie sein, werden, wollen) nicht, [sondern] sie bat ihn, dort (kann im Nhd. entfallen) bei ihr zu bleiben (*tweln* swv.).

21 HS, 22 weiterer HS mit erweitertem Infinitiv (verkürzter dass-Satz für »dass er bei ihr bliebe«).

ein juncvrouwen begunde si ûz weln 23
die si möhte senden dar. 24

Sie wählte (*weln* swv.; wieder das »beginnen« weglassen; *begunde* ist schwache Sonderform zum stv. III *beginnen* gegenüber dem starken *began*, das sich v. 19 findet) eine Jungfrau aus, die sie dorthin (*dar*) senden (*senden* swv. mit Rückumlaut) könnte (»die sie hinschicken wollte« oder: »um sie hinzuschicken«).

23 HS, 24 Relativsatz.

si sprach: ›Rît und ervar 25
wer der ritter müge sîn 26
und sîn geverte daz magedîn.‹ 27

Sie sagte: Reite [hin] und bringe in Erfahrung, wer der Ritter sein möge (glatter: »wer der Ritter sei«) und seine Gefährtin (*geverte* swm.), das Mädchen (*magedîn* stn., Diminutiv zu *maget* stn.).

25 HS, 26–27 NS (indirekter Fragesatz: Objektsatz). 27 gehört noch zum Ritter, also: »wer der Ritter und seine Gefährtin sein mögen« (im Mhd. ist die Syntax lockerer).

diu juncvrouwe huop sich an die vart, 28
als ir geboten wart, 29
dâ si daz getwerc rîten sach. 30

Die Jungfrau machte (*huop* 3. Sg. Prät. zu *heben* stv. VI, »sich heben, erheben«) sich auf den Weg (*vart* stf., »Fahrt«, zum stv. *varn*), wie [es] ihr geboten (*gebieten* stv. II) wurde (*wart* 3. Sg. Prät zu *werden*, »werden«, nicht zu verwechseln mit *was*, 3. Sg. Prät. zu *sîn*, »sein«; im Nhd. besser die Zeitenfolge beachten, also: geboten worden war), wo sie den Zwerg reiten sah (gemeint: »wo der Zwerg ritt«).

28 HS, 29 NS (Modalsatz), 30 NS (Relativsatz).

mit zühten si zuo im sprach: 31
›got grüeze iuch, geselle, 32
und vernemet waz ich welle, 33
mîn vrouwe hât mich her gesant, 34
diu ist künegîn über daz lant: 35
durch ir zuht gebôt si mir 36
daz ich iuch gruozte von ir, 37
und weste gerne mære 38
wer der ritter wære 39
und disiu maget wolgetân. 40

Mit Anstand (s. Semantik) sagte sie zu ihm: Gott grüße (*grüezen* swv. mit Rückumlaut) Euch, Freund, und hört, was ich [erfahren] will. Meine Herrin hat mich hergesandt (*senden* swv. mit Rückumlaut), die ist [die] Königin über diesem Land. Mit Anstand (wörtl.: »auf Grund ihres Anstands«) gebot sie mir, dass ich Euch von ihr grüßte, und [sie] wüsste gerne (*mære* s. Semantik, hier wegzulassen), wer der Ritter sei und diese wundervolle junge Frau.

31 HS, 32–33 HS, 33 Relativsatz, 34 HS, 35 HS, 36 HS, 37 dass-Satz (Objekt-Satz), 38 Forts. des HS von 36, 39–40 NS (indirekter Fragesatz: Objektsatz: »wer der Ritter und die junge Frau sind«).

muget ir mich daz wizzen lân, 41
âne schaden ir daz tuot: 42
mîn vrouwe vrâget wan durch guot.‹ 43

Wenn Ihr mich das wissen lasst (*mugen* Prät.-Präs., *wizzen* Prät.-Präs., *lân* Sonderbildung), tut Ihr das ohne Schaden: Meine Herrin fragt nur (*wan* Adv.) im Guten.

41 NS (Konditionalsatz), 42 HS, 43 HS. Der Satz beginnt also mit einem NS, der schwer erkennbar ist, weil es keine Konjunktion gibt. Es kommt alles darauf an, dass man 42 als HS erkennt und dann für 41 gewarnt ist.

daz getwerc wolde ir niht sagen 44
unde hiez si stille dagen, 45
unde daz si in vermite: 46
si enweste war nâch si rite. 47

Der Zwerg wollte [es] ihr nicht sagen und hieß (*heizen* stv. VII) sie stillschweigen (*dagen* swv.) und [hieß sie] ihn in Ruhe zu lassen (*vermîden:* s. die Erläuterung zu v. 46 bei den starken Verben): Sie wisse nicht (*en* + *weste:* 3. Sg. Prät. Konj. zum Prät.-Präs. *wizzen*), wonach sie suche (wörtl.: »ritte«).

44–46 HS, 45 und 46 jeweils mit (verkürzten) dass-Sätzen, 47 HS (mit indirektem Fragesatz: Objektsatz).

diu maget lie niht umbe daz 48
si enwolde rîten vürbaz, 49
den ritter vrâgen mære 50
selben wer er wære. 51

Die junge Frau ließ (*lie:* 3. Sg. Prät. zur Sonderbildung *lân*, hier Kurzform zu *liez:* s. Sonderbildungen) davon ab, dass sie weiterreiten wollte (besser: weiterritt), um den Ritter selbst zu fragen (*mære* weglassen), wer er sei.

48 HS, 49 NS ohne Konj. (s. die Erläuterung zu 48f. bei den Nebensätzen), 50 NS ohne Konj. (Finalsatz), 51 NS (indirekter Fragesatz).

daz getwerc werte ir den wec: 52
daz sach diu künegîn und Êrec 53
daz ez si mit der geisel sluoc 54
die ez in der hant truoc, 55
über houbet und über hende 56
ze sîner missewende, 57
daz si mâl dâ von gewan. 58

Der Zwerg (ver)wehrte (*wern* swv.) ihr den Weg: Das sahen die Königin und Erec, dass er sie mit der Geißel schlug (*slahen* stv. VI mit grammatischem Wechsel), die er in der Hand trug (*tragen* stv. VI), [und zwar] über [ihren] Kopf (*houbet* stn.) und [ihre] Hände (*hant* stf., i-Stamm, also umlautend) zu seiner Schande, so dass sie ein Wundmal davon erhielt (*gewinnen* stv. III).

52 HS, 53 HS, 54 NS (Objekt-Satz), 55 Relativsatz, 56–57 Forts. von 54, 58 NS (Konsekutivsatz).

mit selher antwurt schiet si dan 59
wider zuo ir vrouwen 60
unde liez si schouwen 61
wie sêre si was geslagen. 62

Mit solcher (dieser) Antwort schied sie dann [und ging] zurück zu ihrer Herrin und ließ (anders als v. 48 jetzt *liez*, nicht *lie:* s. v. 48) sie sehen (*schouwen* swv.), wie sehr sie geschlagen worden war (anders als v. 29 also jetzt *was*, nicht *wart:* s. zu v. 29).

59–61 2 HS (durch *und* verbunden), 62 NS (indirekter Fragesatz: Objektsatz).

daz begunde si vil tiure klagen 63
daz ir sô nâhen was geschehen 64
daz siz muoste ane sehen. 65

Das beklagte (»begann« weglassen) sie bitterlich (*vil* sehr, *tiure* wörtl.: teuer), [nämlich] dass es so nahe bei ihr [der Königin] geschehen (*geschehen* stv. V] war, so dass sie [die Königin] es mit ansehen musste (*muoste:* 3. Sg. Prät. zum Prät.-Präs. *müezen*).

63 HS (beginnt mit dem Objekt *daz*), 64 NS (Objektsatz), 65 NS (Konsekutivsatz).

Êrec dô ahten began, 66
der ritter wære dehein vrum man, 67
daz er ez vor im vertruoc 68
daz sîn getwerc die maget sluoc. 69

Erec verstand (wörtl.: »begann da zu erachten«: *ahten* swv. bemerken), dass der Ritter kein (*dehein* im NS: kein) anständiger (*vrum* s. Semantik) Mann sei, dass (gemeint: weil) er es für sich (zum Reflexivpronomen s. Pronomen) ertrug (*vertragen* stv. VI), dass sein Zwerg die junge Frau schlug (besser mit Zeitenfolge: geschlagen hatte).

66 HS, 67 NS ohne Konjunktion (Objektsatz), 68 NS (Kausalsatz), 69 NS (Objektsatz).

er sprach: ›ich will rîten dar, 70
daz ich iu diu mære ervar.‹ 71

Er sagte: Ich will dorthin reiten, damit ich [für] Euch (*iu:*

2. Pl. des Personalpronomens) die Geschichte (*mære* s. Semantik; hier ist der Name des Ritters gemeint) erfahre.

70 HS, 71 NS (Finalsatz).

diu vrouwe sprach: ›nû rîtet enwec.‹ 72

Die Herrin sagte: Dann reitet los (*enwec* hinweg).

72 HS.

zehant huop sich Êrec, 73
unz er in sô nâhen kam 74
daz daz getwerc die rede vernam: 75
›nû muget ir wêniger mir gesagen, 76
wes habet ir die maget geslagen? 77

Sofort machte sich Erec auf (wörtl.: »erhob sich«), bis er ihnen (*in:* Dat. Pl. des Personalpronomens) so nahe kam, dass der Zwerg die Rede vernahm (*vernemen* stv. IV, gemeint: »vernehmen konnte«): ›Könnt (*mugen* Prät.-Präs. mögen, hier eher: können) Ihr kleiner Kerl mir sagen, weshalb Ihr die(se) junge Frau geschlagen habt?‹

73 HS, 74 NS (Temporalsatz), 75 NS (Konsekutivsatz), 76 HS (Fragesatz), 77 HS (Fragesatz).

ir habet sêre missetân. 78

Ihr habt sehr schändlich gehandelt (*misse-tuon* Sonderbildung).

78 HS.

ir soldetz durch iuwer zuht lân. 79

Ihr hättet es (*soldet + ez:* 3. Sg. Prät. zum Prät.-Präs. *suln*) aus (Eurem) Anstand lassen sollen.

79 HS.

iuwern herren sult ir mir nennen: 80
mîn vrouwe wolde in erkennen 81
und daz schœne magedîn.‹ 82

Euren Herrn sollt Ihr mir nennen (*nennen* swv. mit Rückumlaut): Meine Herrin wollte (*wolde:* 3. Sg. Prät. zu *wellen* Sonderbildung) ihn kennenlernen (*erkennen* swv. mit Rückumlaut) und die schöne junge Frau.

80 HS, 81–82 HS (ihn und die schöne junge Frau).

daz getwerc sprach: ›lâ dîn klaffen sîn. 83

Der Zwerg sagte: Lass (*lâ:* Imp. zu *lân* Sonderbildung) Dein Kläffen sein.

83 HS (Imperativsatz).

ich ensage dir anders niht 84
wan daz dir alsam geschiht. 85

Ich sage Dir nichts anderes, als dass [es] Dir genauso geschieht (*geschehen* stv. V).

84 HS, 85 NS (einschränkender Satz).

waz wolde si der mære 86
wer mîn herre wære? 87

Was geht sie das an (wörtl.: »was wollte sie an der Geschichte«), wer mein Herr ist (*wære:* 3. Sg. Prät. Konj. zur Sonderbildung *sîn*; der Konjunktiv bezeichnet den abhängigen NS)?

86 HS (Fragesatz), 87 NS (indirekter Fragesatz: Objektsatz).

ir ensît niht wîse liute, 88
daz ir sô vil hiute 89

gevrâget von mînem herren: 90
ez mac iu wol gewerren, 91
wiltû daz ich dichs erlâze, 92
sô rît dîne strâze 93
und schabe dich, der sunnen haz.‹ 94

Ihr seid keine weisen Menschen, dass Ihr heute so viel nach meinem Herren (*herren:* Dat. Sg. zum swm. *herre*) fragt (*vrâgen* swv.): Es kann Euch [nur] schaden. Willst Du, dass ich Dir das erlasse (*erlâzen* stv. VII mit Akkusativ und Genitiv als Objekten: Dich dessen; das angehängte *s* verkürzt also *des*, nicht zu verwechseln mit einem angehängten *z*, das *ez* verkürzt), dann reite Deine Straße (*strâze* stf.) und mach Dich davon, den [selbst] die Sonne hasst.

88 HS, 89–90 NS (erläuternder Satz), 91 HS, 92 NS ohne Konjunktion (Konditionalsatz), 93 HS (Imperativsatz), 94 zweiter HS (Imperativsatz, durch *und* verbunden).

Êrec der wolde ouch vürbaz, 95
wan daz getwerc imz niht vertruoc: 96
mit der geisel ez in sluoc, 97
als ez der maget hete getân. 98

Erec wollte auch [selbst] weiter, außer dass der Zwerg es ihm (*im + ez:* s. zu v. 92) nicht erlaubte (wörtl.: »vertrug«): Er schlug ihn mit der Geißel, wie er [es] der jungen Frau (an)getan hatte (*hete:* 3. Sg. Prät. zu *hân*, und zwar sowohl Ind. wie Konj., hier Ind.).

95 HS, 96 NS (einschränkender Satz), 97 HS, 98 NS (Modalsatz).

ouch wolde er sich gerochen hân, 99
wan daz er wîslîchen 100
sînem zorne kunde entwîchen. 101

Auch wollte er sich gerächt (*gerochen:* Part. Prät. zum stv. *rechen* IV, im Nhd. schwach flektiert) haben, aber (wörtl.: »außer/nur dass«) er konnte wohlweislich seinen Zorn unterdrücken (*entwîchen* stv. I).

99 HS, 100–101 NS (einschränkender Satz).

der ritter hete im genomen den lîp, 102
wan Êrec was blôz als ein wîp. 103

Der Ritter hätte (*hete:* 3. Sg. Prät. Konj. zur Sonderbildung *hân*; der Ind. lautet wie der Konj.) ihm das Leben (*lîp* stm. Leib, hier metonymisch für Leben) genommen, denn Erec war unbewaffnet wie eine Frau.

102 HS, 103 NS (Kausalsatz).

er gelebete im nie leidern tac 104
dan umbe den geiselslac 105
und enschamte sich nie sô sêre 106
wan daz diese unêre 107
diu künegîn mit ir vrouwen sach. 108

Er erlebte (*leben* swv.) nie einen leidvolleren (Komparativ zum Adj. *leit* leidvoll) Tag als den mit dem Geißelschlag und schämte (*schamen* swv.) sich nie so sehr, insofern (wörtl.: »außer dass«) diese Unehre die Königin mit ihren Damen sah.

104–105 HS, 106 zweiter HS (durch *und* verbunden), 107–108 NS (einschränkender Satz).

als im der geiselslac geschach, 109
mit grôzer schame er wider reit. 110

Als er den Geißelschlag erhalten hatte (wörtl.: »ihm geschah«), ritt er mit großer Scham (*schame* swf.) zurück (*wider* Adv. entgegen, zurück).

109 NS (Temporalsatz), 110 HS.

alsô klagete er sîn leit, 111
schamvar wart er under ougen: 112
›vrouwe, ich enmac des niht verlougen, 113
wan ir ez selbe habet gesehen, 114
mir ensî vor iu geschehen 115
eine schande alsô grôz 116
daz ir nie dehein mîn genôz 117
eines hâres mê gewan. 118

So klagte er sein Leid, schamrot (wörtl.: »schamfarben«) wurde er (*wart*, nicht *was*, also »wurde«, nicht »war«) unter den Augen: ›Herrin, ich kann es nicht verleugnen (*verlougen* swv.), denn Ihr selbst habt es gesehen, dass mir vor Euch eine so große Schande geschehen ist (die Konstruktion ist bei den Nebensätzen zu vv. 113f. erläutert), wie nie einer meiner Genossen (wörtl.: »dass ihrer nie ein mein Genosse«, *ir* Gen. des Personalpronomens, abhängig von *gewan*, also Objektgenitiv) eine um ein Haar größere (wörtl.: »eines Haares mehr«, der Genitiv abhängig von *mêr*, also partitiver Genitiv) davontrug‹.

111 HS, 112 zweiter HS (Aufzählung), 113 HS, 114 NS (Kausalsatz), 115–116 NS ohne Konj. (Objektsatz), 117–118 NS (Vergleichssatz).

Zwischenruf: Das war ein sehr schwerer Satz, zum Üben gut, in einer Klausur nicht wirklich nötig.

daz mich ein sus wênic man 119
sô lasterlîchen hât geslagen 120
und ich im daz muoste vertragen, 121
des schame ich mich sô sêre 122
daz ich iuch nimmer mêre 123
vürbaz getar schouwen 124
und diese juncvrouwen, 125
und enweiz zwiu mir daz leben sol, 126
ez ensî daz ich mich des erhol 127
daz mir vor iu geschehen ist. 128

Dass mich ein solcher Wicht (wörtl.: »geringer Mann«) so lästerlich geschlagen hat und ich das von ihm erdulden (ihm durchgehen lassen) musste, dessen (*des* abhängig von *schamen* swv., also Objektgenitiv) schäme ich mich so sehr, dass ich Euch und die Damen nimmermehr weiterhin anzuschauen wage (*getar:* 3. Sg. Präs. zum Prät-Präs. *turren* wagen), und ich weiß nicht, wozu mir das Leben (dienen) soll, es sei denn dass (wörtl.: »wenn es nicht so ist, dass«) ich mich davon erhole (*erholn* swv. mit Objektgenitiv: hier *des*), was mir vor Euch geschehen ist.

119–120 NS (Subjektsatz), 121 zweiter NS (mit *und* angeschlossen), 122 HS, 123–125 NS (Konsekutivsatz), 126 HS (schließt an 122 an), NS (Relativsatz), 127 HS (schließt an 126 an), Objektsatz, 128 Relativsatz.

Zweiter Zwischenruf: Das war ein noch schwererer Satz, zum Üben sehr gut, in einer Klausur glatte »Tierquälerei«.

ich ensterbe in kurzer vrist, 129
sô sol ichz versuochen. 130

Wenn ich nicht in kurzer Frist sterbe (*sterben* stv. III), werde (*suln* Prät.-Präs., kann oft mit »werden« wiedergegeben werden) ich es (*ich ez*) versuchen (die Konstruktion ist bei den Nebensätzen zu v. 129 f. erklärt).

129 NS ohne Konj. (Konditionalsatz), 130 HS.

vrouwe, ir sult geruochen 131
daz ich in iuwern hulden var. 132

Herrin, Ihr sollt gestatten (*geruochen* swv., im Nhd. noch als »geruhen« vorhanden), dass ich in/mit Eurer Huld fahre (gemeint: »mich auf den Weg mache«).

131 HS, 132 NS (Objektsatz).

der himelkeiser bewar, 133
vrouwe, iuwer êre. 134

Der Himmelskönig bewahre (Imperativ zu *bewarn* swv.), Herrin, Eure Ehre.

133–134 HS (Imperativsatz).

ir gesehet mich nimmer mêre, 135
ichn gereche mich an disem man 136
von des getwerge ich mâl gewan. 137

Ihr seht (*gesehen* ist mit dem Präfix *ge-* Verstärkung von *sehen* stv. V) mich nimmermehr (wieder), wenn ich mich nicht an diesem Mann räche (Konstruktion: NS ohne Konjunktion, hier nicht dass-, sondern wenn-Satz; die Negation ist im Nhd. übernehmbar, es sei denn, ich übersetze: »außer ich räche mich an diesem Mann«), von dessen Zwerg ich das Wundmal erhielt (*gewinnen* stv. III; das einfache *n* der 1. Sg. Prät. beruht auf Vereinfachung des Doppelkonsonanten am Wortende).

135 HS, 136 NS ohne Konj. (Konditionalsatz), 137 Relativsatz.

ist daz mich got sô gêret 138
daz er mîn heil mêret, 139
daz mir dar an gelinget 140
sô doch mîn muot gedinget 141
sô kum ich über den dritten tac, 142
ob ich vor siechtuome mac.‹ 143

Ist es so, dass mich Gott so ehrt (*gêren:* mit *ge-* verstärktes *êren* swv.), dass er mein Heil mehrt, so dass mir das (im Mhd.: daran) gelingt, worauf ich (im Mhd.: mein Mut) hoffe (*gedingen* swv. hoffen), so komme ich nach drei Tagen (zurück), wenn ich (wörtl.) vor Siechtum/Verletzung kann (gemeint: »frei von Verletzung« oder »von Verletzung verschont«).

138 NS ohne Konj. (Konditionalsatz), 139 NS (Konsekutivsatz), 140 zweiter NS (Konsekutivsatz), 141 Relativsatz, 142 HS, 143 NS (Konditionalsatz).

der küneginne was vil leit 144
daz er alsô junger reit 145
ûf sô grôze vreise: 146
si bat in lân die reise. 147

Der Königin tat sehr (*vil* Adv. »sehr«, also nicht Zahladjektiv »viel«) leid, dass er sich als (ein) so junger (Mann) auf (eine) so große Gefahr (*vreise* stf.) einließ (wörtl.: »losritt«); sie bat (*bitten* stv. V, im Inf. und im Präs. mit *tt*) ihn, die Fahrt zu lassen.

144 HS, 145–146 NS (Objektsatz), 146 HS mit erweitertem Infinitiv.

sô lange er dô urloubes gerte 148
unz daz si ins gewerte. 149

Da begehrte (*gern* swv. mit Objektgenitiv) er so lange den Abschied (s. Semantik), bis sie ihm ihn (*ins* aus *in* + *s* von *des:* also »ihn dessen«) gewährte (*gewern* swv. mit Objektgenitiv).

148 HS, 149 NS (Temporalsatz).

ouch gedâhte der juncherre, 150
im wære daz ze verre, 151
ob er ze den selben zîten 152
hin wider wolde rîten 153
dâ er sînen harnasch hâte, 154
und daz er alsô drâte 155
in nimmer genæme, 156
swie schiere er wider kæme, 157
sô wæren si im entriten gar, 158
und îlte in nâch alsô bar. 159

Auch dachte (*gedâhte:* 3. Sg. Prät. zum swv. *denken* mit Rückumlaut und Ersatzdehnung nach ausgefallenem *n*) der junge Mann, ihm sei das zu weit entfernt (*verre* Adv. fern), wenn er erst einmal (wörtl.: »zu denselben Zeiten«) zurückreiten wollte, wo er seinen Harnisch hatte, und dass er so schnell ihn (*in*) nie und nimmer bekäme (wörtl.: »nähme«), (denn) wie schnell er (auch) zurückkehrte (*komen* stv. IV), so wären sie ihm (schon, wörtl.: »gar«, im Nhd. nur noch als »ganz und gar«) weggeritten, und so eilte (*îlen* swv.) er ihnen (*in*) so ungerüstet nach.

150 HS, 151 NS ohne Konj. (Objektsatz), 152–153 NS (Konditionalsatz), 154 NS (Relativsatz), 155–156 zweiter NS (Objektsatz, wieder Anknüpfung an 150), 157 NS (Konzessivsatz), 158 HS, 159 zweiter HS (mit *und* angeschlossen). Die Konstruktion ist im Nhd. elliptisch, will sagen: die NS

157 und 159 hängen »in der Luft«, müssten eigentlich als neue Sätze konstruiert werden. Aber die mhd. Syntax ist noch nicht an der »Logik« des Lateinischen orientiert, wovon später die nhd. Syntax geprägt wird.

dô er in begunde gâhen nâ, 160
dô kam er rehte ûf irn slâ 161
von den im schade was geschehen. 162

Als (*dô* Konj.) er ihnen nachjagte (*gâhen* swv. eilen, *nâ* nach; *beginnen* kann wieder wegfallen), da (*dô* Adv.) kam er recht auf ihre (*irn* Akk. Mask. der 1. Sg. des Possessivpronomens *ir* ihr) Spur (*slâ* stf. Spur, vgl. »Hufschlag«), von denen ihm der Schaden (*schade* swm.) angetan worden war (*geschehen* stv. V).

160 NS (Temporalsatz), 161 HS, 162 Relativsatz.

vil schiere begunde er si ane sehen. 163

Sehr bald sah er sie (das *beginnen* fällt ebenso weg wie das *ane* an).

163 HS (mit erweitertem Infinitiv).

zuo in was im niht ze gâch: 164
er reit in alsô verre nâch 165
daz er si sach und si in niht. 166

Zu ihnen (*in:* Dat. Pl. des Personalpronomens) hatte er es nicht zu eilig (wörtl.: »war ihm nicht zu eilig«): Er ritt ihnen so weit nach, dass er sie sah und sie ihn (*in:* Akk. Sg. des Personalpronomens) nicht.

164 HS, 165 HS, 166 NS (Konsekutivsatz).

er tete als dem dâ leit geschiht: 167
der vlîzet sich dicke dar zuo 168
wie erz mit vuoge widertuo. 169

Er tat wie der, dem (*dâ* Adv. »dort«, kann hier wegfallen) Leid (*leit:* stn.) geschieht: Er befleißigt sich oft (*dar zuo* dazu, kann wegfallen), wie er es (*er + ez*) mit Anstand (*vuoge* stf. s. Semantik) zurückgibt (*widertuo* 3. Sg. Präs. Konj. Sonderbildung *tuon*).

167 HS, 168 HS, 169 NS (indirekter Fragesatz: Objektsatz).

si enkâmen ûf dem wege 170
ûz sîner ougen phlege 171
des vil langen tages nie 172
unz daz der âbent ane gie. 173

Sie kamen (ihm) auf dem Weg den ganzen langen Tag nie (v. 172 im Nhd. vorzuziehen) aus seinen Augen (*ouge* swn.; wörtl.: »aus seiner Augen Pflege«), bis der Abend begann (*ane gân* Sonderbildung; Prät. *gie* Kurzform zu *gienc*).

170–172 HS, 173 NS (Temporalsatz).

nû sach er wâ gegen im schein 174
ein hûs geheizen Tulmein, 175
der wirt der herzoge Îmâîn, 176
dâ reit der ritter vor im in: 177
dâ wart er emphangen wol, 178
sô man ze vriundes hûse sol 179
und als dem wirte wol gezam. 180

Da sah er eine Burg (*hûs* stn.) namens Tulmein vor sich (wörtl.: »nun sah, wie ihm entgegenschien…«; *schein:* 3. Sg. Prät. zum stv. I *schînen* scheinen), deren Hausherr (*wirt* stm. s. Semantik) der Herzog Imain war, dort ritt der Ritter vor ihm hinein (*in* Adv. »hinein«, also nicht zu verwechseln mit dem Personalpronomen!): Dort wurde er bestens empfangen (*emphangen* stv. VII), so wie man (es) im Haus eines Freundes (*vriunt* stm.) soll und wie (es) dem Hausherr wohl geziemte (*gezam:* 3. Sg. Prät. zum stv. IV *gezemen* ziemen, das im Nhd. schwach konjugiert).

174–175 HS und NS (Relativsatz), 176 NS (sehr locker mit dem Vorigen verbunden, im Nhd. elliptisch), 177 HS, 178 HS, 179 NS (Modalsatz), 180 zweiter NS (Modalsatz).

ich sage iu durch waz er kam 181
mit sîner vriundîn. 182

Ich sage Euch, weshalb er mit seiner Freundin (*vriundîn* stf.) kam.

181–182 HS und NS (Relativsatz).

ez hete der herzoge Îmâîn 183
hôchzît dâ vor zwei jâr: 184
saget diu âventiure wâr, 185
sô hete er si dô zem dritten. 186

Es hatte der Herzog Imain dort vor (gemeint: »seit«) zwei Jahren ein Fest (*hôchzît* stf. Fest, erst im Nhd. auf Hochzeitsfest verengt): Wenn die Erzählung (*âventiure* s. Semantik) wahrheitsgemäß berichtet, so hatte er es (*si:* die *hôchzît*) damals zum dritten Mal.

183–184 HS, 185 NS (Konditionalsatz), 186 HS.

an eine wise enmitten 187
hete er hôhe an eine stat 188
einen sparwære ûf gesat 189
ûf eine stange silberîn. 190

Mitten auf einer Wiese hatte er hoch an einer Stelle (*stat* stf.) einen Sperber auf eine silberne Stange (die Wortstellung: Adj. nach Subst. ist im Mhd. noch üblich) gesetzt (*gesat:* 3. Sg. Prät. zum swv. mit Rückumlaut *setzen*, hier verkürzte Form für *gesatzt*).

187–190 HS (mit vorangestelltem adverbiellen Teil und nachgestelltem Präpositionalobjekt).

diz muoste jærlîche sîn 191
ze vreuden sîner lantdiet. 192

Dies musste jährlich sein zur Freude (*vreuden* Dat. Pl. zu *vreude* stf.) seiner Einwohnerschaft (*lantdiet* stf.).

191–192 HS.

von der rede er niemen schiet, 193
niuwan daz geliche 194
arme unde rîche, 195
alte unde junge 196
durch schœne handelunge 197
ze sîner vreude kæmen 198
swenne siz vernæmen. 199

Von der Benachrichtigung (*rede* stf. Rede, Nachricht) nahm er niemanden aus (*schiet:* 3. Sg. Prät. zum stv. VII *scheiden*), so dass gleichermaßen Arme und Reiche, Alte und Junge zu schöner Handlung zu seiner Freude kommen sollten (*kæmen* 3. Pl. Prät. Konj.), wenn sie es (*si ez*) vernähmen (*vernæmen* 3. Pl. Prät. Konj. zum stv. IV *vernemen*).

193 HS, 194–198 NS (einschränkender Satz), 199 NS (Temporalsatz).

Literaturhinweise

Als Hilfsmittel zum Übersetzen aus dem Mittelhochdeutschen dienen vor allem Wörterbücher und Grammatiken, darüber hinaus Sprachgeschichten. Sie liegen seit der Entstehung der Germanistik für Zwecke wissenschaftlicher Forschung vor, woraus dann übersichtliche Kurzfassungen für die Praxis hervorgegangen sind. Im folgenden einige Erläuterungen dazu.

Wörterbücher

Das grundlegende, umfassende mhd. Wörterbuch stammt aus der Entstehungszeit der Germanistik. Da es nicht strikt alphabetisch, sondern nach Wortstämmen aufgebaut ist (so dass alle Zusammensetzungen unter dem Grundwort stehen), erschien zur leichteren Handhabung ein Alphabetischer Index:

Mittelhochdeutsches Wörterbuch. Mit Benutzung des Nachlasses von Georg Friedrich Benecke ausgearbeitet von Wilhelm Müller und Friedrich Zarncke. Bd 1–3 (Bd 2 in 2 Teilen). Leipzig 1854–1866. ND Stuttgart 1990.

Alphabetischer Index zum Mittelhochdeutschen Wörterbuch von Benecke/Müller/Zarncke von Erwin Koller, Werner Wegstein und Norbert R. Wolf. Stuttgart 1990.

Der Benecke/Müller/Zarncke (oder abgekürzt: BMZ) erfasst vor allem den Wortschatz der mhd. Klassik und enthält neben der Erläuterung der Wortbedeutung (einschließlich von Namen) Angaben zur syntaktischen Verwendung der Wörter.

Ebenfalls noch im 19. Jahrhundert entstand ein zweites Großwörterbuch zum Mittelhochdeutschen, das über die klassische (und poetische) Literatur hinaus den Wortschatz des Spätmittelalters sowie das chronikalische, rechtliche und religiöse Schrifttum jeweils mit Angabe von Belegen erfasste:

Matthias Lexer: Mittelhochdeutsches Handwörterbuch. Zugleich als Supplement und alphabetischer Index zum mittelhochdeutschen Wörterbuche von Benecke/Müller/Zarncke. Bd 1–3. Leipzig 1869–1878. ND Stuttgart 1992 (neben der Bibliotheksausgabe als Studienausgabe mit Nachtragsband: *Findebuch zum mittelhochdeutschen Wortschatz*).

Für den praktischen Gebrauch (und ohne Belege) entstand daraus bereits 1879 eine Kurzfassung, der sog. »Kleine Lexer«. Auch er ist immer wieder ergänzt worden, wobei die Ergänzungen in einem zweiten Alphabet dem Hauptteil folgen:

Matthias Lexer: Mittelhochdeutsches Taschenwörterbuch. Mit den Nachträgen von Ulrich Pretzel. 38., unveränderte Aufl. Stuttgart 1992.

Noch knapper, aber übersichtlicher:

Beate Hennig: Kleines mittelhochdeutsches Wörterbuch. In Zusammenarbeit mit Christa Hepfer. 3., bearb. Aufl. Tübingen 1998.

Zu beiden Großwörterbüchern (und zu weiteren Wörterbüchern und Nachschlagewerken) wurde inzwischen von einer Trierer Arbeitsgruppe unter Kurt Gärtner eine Online-Version aufbereitet, zu finden unter: *http://woerterbuchnetz.de/*.

Grammatiken

Die maßgebliche Grammatik des Mittelhochdeutschen, die immer wieder neu bearbeitet wurde, stammt von Hermann Paul:

Hermann Paul: Mittelhochdeutsche Grammatik. 25. Aufl. bearb. von Thomas Klein, Joachim Solms und Klaus-Peter Wegera. Mit einer Syntax von Ingeborg Schröbler, neubearb. und hrsg. von Heinz-Peter Prell. Tübingen 2007.

Eine kurzgefasste Grammatik des Mittelhochdeutschen bietet:

Helmut de Boor / Roswitha Wisniewski: Mittelhochdeutsche Grammatik. 10. Aufl. Berlin / New York 1998.

Fürs Althochdeutsche und Frühneuhochdeutsche liegen vor:

Wilhelm Braune: Althochdeutsche Grammatik. 15. Aufl. bearb. von Hans Eggers. Tübingen 2004.
Robert Peter Ebert [u. a.]: Frühneuhochdeutsche Grammatik. Hrsg. von Oskar Reichmann und Klaus-Peter Wegera. Tübingen 1993.

Ausdrücklich verwiesen sei auch auf die Grammatik des Deutschen, die im Rahmen *Der kleine Duden* erschienen ist. Sie vermittelt Grundkenntnisse hinsichtlich Systematik und Terminologie, die in den Mittelhochdeutschen Grammatiken vorausgesetzt wird:

Rudolf und Ursula Hoberg: Deutsche Grammatik (Der kleine Duden 4). 4., überarb. Aufl. Mannheim 2009.

Sprachgeschichten

Die deutsche Sprachgeschichte ist als Handbuch mit Artikeln zahlreicher Verfasser im Rahmen der Handbücher zur Sprache und Kommunikation (HSK) aufgearbeitet:

Werner Besch [u. a.] (Hrsg.): Sprachgeschichte. Ein Handbuch zur Geschichte der deutschen Sprache und ihrer Erforschung. 2., vollständig neu bearb. und erw. Aufl. 4 Bde. Berlin / New York 1998–2004.

Die beste Darstellung im Überblick bietet:

Peter von Polenz: Deutsche Sprachgeschichte vom Spätmittelalter bis zur Gegenwart. 3 Bde. 2., überarb. und erg. Aufl. Berlin 2000.

Für die hier interessierende frühere Phase des Früh- und Hochmittelalters muss der kürzere Gesamtüberblick benutzt werden:

Peter von Polenz: Geschichte der deutschen Sprache. 9., überarb. Aufl. Berlin / New York 1978.

Kürzere Überblicke bieten

Gerhart Wolff: Deutsche Sprachgeschichte. Ein Studienbuch. 4., durchges. Aufl. Tübingen/Basel 1999.
Karl-Heinz Göttert: Deutsch. Biografie einer Sprache. Berlin 2010.